Introdução aos derivativos

4ª edição revista e ampliada

Dados Internacionais de Catalogação na Publicação (CIP)

F475i Figueiredo, Antonio Carlos.
Introdução aos derivativos / Antonio Carlos Figueiredo.
– 4. ed., rev. e ampl. – São Paulo, SP : Cengage, 2019.
182 p. : il. ; 23 cm.

Inclui bibliografia.
ISBN 978-85-221-2937-9

1. Derivativos (Finanças). 2. Mercados financeiros futuros. 3. Mercado de opções. 4. Swaps (Finanças). I. Título..

CDU 336.764.2
CDD 632.645

Índices para catálogo sistemático:

1. Derivativos (Finanças) 336.764.2
2. Mercados financeiros futuros 336.764.2

(Bibliotecária responsável: Sabrina Leal Araujo – CRB 8/10213)

Introdução aos derivativos

4ª edição revista e ampliada

Antonio Carlos Figueiredo

CENGAGE

Austrália • Brasil • México • Cingapura • Reino Unido • Estados Unidos

CENGAGE

Introdução aos derivativos, 4ª edição revista e ampliada

Antonio Carlos Figueiredo

Gerente Editorial: Noelma Brocanelli

Editora de Desenvolvimento: Salete Del Guerra

Supervisora de Produção Gráfica: Fabiana Alencar Albuquerque

Copidesque: Sandra Scapin

Revisão: Priscilla Rodrigues Lopes, Rosângela Ramos e Marileide Gomes

Diagramação: Cia. Editorial

Capa: Renata Buono/Buono Disegno

Para informações sobre nossos produtos, entre em contato pelo telefone **0800 11 19 39**

Para permissão de uso de material desta obra, envie seu pedido para **direitosautorais@cengage.com**

ISBN-978-85-221-2937-9
ISBN-10: 85-221-2937-1

Cengage Learning
Condomínio E-Business Park
Rua Werner Siemens, 111 – Prédio 11 – Torre A – Conjunto 12
Lapa de Baixo – CEP 05069-900
São Paulo – SP
Tel.: (11) 3665-9900 – Fax: (11) 3665-9901
SAC: 0800 11 19 39

Para suas soluções de curso e aprendizado, visite **www.cengage.com.br**

Impresso no Brasil.
Printed in Brazil.
1ª impr. – 2019

Agradecimentos

Agradeço especialmente aos mestrandos em Administração da IAG – Escola de Negócios da Pontifícia Universidade Católica do Rio de Janeiro (PUC-Rio), Bruno Coelho Lorenzon, Fabio Takashi Andaku, Gustavo Silva Araujo e Raphael de Meneses Santoro, pelo grande auxílio, sobretudo na montagem dos diversos exercícios para a primeira edição do livro.

Agradeço também o incentivo dos meus colegas do Departamento de Administração da PUC-Rio e dos milhares de ex-alunos que sempre me cobraram a elaboração de um livro sobre Derivativos.

Agradeço também a Cristina pelo excelente trabalho de digitação dos originais na primeira edição.

Sumário

Apresentação

Introdução aos derivativos aborda, de forma bastante prática, os principais derivativos negociados no mercado brasileiro: termo, futuros, opções e *swap*. Adicionalmente, discute a questão do risco de mercado.

Para esta 4ª edição os textos foram revistos, assim como foram incluídos exemplos e exercícios, considerando-se os acontecimentos recentes e as oscilações no cenário econômico nacional. Esta edição ganhou também um novo capítulo, que discute sobre *hedge* nos mercados futuros, para os casos em que o ativo que se quer proteger seja semelhante, mas não exatamente igual ao do contrato futuro

Estrutura do livro

As operações a termo são apresentadas no Capítulo 2. Os Capítulos 3, 4, 5, 6, 7, 8 e 9 são dedicados aos mercados futuros. No Capítulo 3, são abordados os conceitos básicos de mercados futuros. Já no Capítulo 4, há uma discussão sobre o mercado futuro de dólar comercial e sobre como importadores, exportadores e empresas com ativos e dívidas em dólar podem se proteger das oscilações da moeda norte-americana. O Capítulo 5 aborda o mercado futuro de taxa de juros e a maneira como empresas, investidores e instituições financeiras se defendem das incertezas associadas à evolução da taxa de juros interna. O Capítulo 6 é dedicado ao mercado futuro de cupom cambial sujo (DDI), que negocia o diferencial entre a taxa do CDI e a variação cambial para determinado período. O Capítulo 7 explica a operação estruturada de cupom cambial limpo (FRA, do inglês *forward rate agreement*) e o Capítulo 8 discute o mercado futuro de Ibovespa. O Capítulo 9 ensina como fazer operações de *hedge* quando o ativo que se quer proteger é semelhante, mas não exatamente igual ao ativo negociado no mercado futuro.

O mercado de opções é o tema dos Capítulos 10 a 16. O Capítulo 10 apresenta os conceitos básicos e o Capítulo 11 mostra como as opções são utilizadas em operações de *hedge*. O Capítulo 12 aborda o modelo de Black & Scholes, que é largamente utilizado, na prática, para a determinação de preços teóricos de opções, e o Capítulo 13 inclui o modelo binomial, que também é muito usado no apreçamento de opções.

As principais operações estruturadas com opções, como as travas, a borboleta e o condor, são explicadas no Capítulo 14, as operações estruturadas mais avançadas com opções, no Capítulo 15 e as operações de financiamento com opções de compra, no Capítulo 16.

Os Capítulos 17 e 18 abordam, respectivamente, as principais operações de *swap* que são feitas no mercado brasileiro e o modo de se quantificar o risco de mercado por meio do chamado *Value at Risk* (VAR).

Didática utilizada

O livro adota uma didática bastante objetiva e prática, o que o torna acessível aos leitores que estejam tomando contato com os derivativos pela primeira vez e aos que queiram se aprofundar em operações um pouco mais sofisticadas. Em praticamente todos os capítulos são apresentados exemplos práticos, mostrando a montagem das operações passo a passo.

No final de quase todos os capítulos são propostos exercícios que ajudam a fixar o conteúdo apresentado. As respostas de todos esses exercícios propostos encontram-se no final do livro. Sempre que aplicável, são inseridas figuras que contribuem para que operações e conceitos sejam mais bem compreendidos.

Introdução

capítulo 1

Este capítulo oferece uma visão geral dos assuntos abordados neste livro.

O que são derivativos

Derivativos são títulos cujos valores dependem dos valores de outras variáveis mais básicas. Por exemplo, um derivativo de dólar comercial tem o seu valor derivado do comportamento do dólar comercial à vista.

Os derivativos foram criados para que os agentes econômicos possam se proteger contra riscos de oscilações de preços, como no caso de um importador que teme a alta do dólar, um exportador que tem receio da queda do dólar, uma empresa com dívida indexada ao CDI, preocupada com uma eventual alta das taxas de juros etc.

Como se dá a proteção com derivativos? A ideia básica é obter ganho financeiro nas operações com derivativos, de forma que compense uma perda nas operações da empresa, por causa de oscilações de preços de matérias-primas, da taxa de câmbio, da taxa de juros etc.

Vários acontecimentos na economia ilustram a importância da utilização de derivativos. As desvalorizações do real em janeiro de 1999, em 2002 e no segundo semestre de 2008 provocaram pesados prejuízos a importadores e empresas com dívidas em dólar. A valorização do real no período de 2003 até agosto de 2008 e depois em 2009, 2010 e parte de 2011 causou perdas para os exportadores. Essas perdas poderiam ter sido evitadas se as empresas tivessem utilizado derivativos de dólar para proteção contra o risco cambial.

Muitos períodos de alta das taxas de juro ocorreram nos últimos anos no Brasil. Essas altas causaram enormes perdas para investidores com aplicações prefixadas e para empresas com dívida a taxas flutuantes. Houve também períodos de queda das taxas de juro, como o ocorrido após a crise financeira internacional no segundo semestre de 2008, que provocou perdas para investidores com aplicações pós-fixadas e para empresas com dívidas prefixadas. Todos esses prejuízos com as altas e as quedas das taxas de juro poderiam ter sido compensados com ganhos financeiros em operações com derivativos de taxa de juro.

Os principais agentes econômicos que operam com derivativos são:

- *Hedger* – O *hedger* opera com derivativos com o objetivo principal de se proteger contra riscos de preços, como já mostramos anteriormente; e
- Especulador – O especulador aposta na tendência. Ele busca realizar lucro com a compra e venda de derivativos, segundo sua crença de alta ou de baixa dos preços. Sua participação no mercado é muito importante, pois contribui para dar liquidez ao mercado. Quanto maior o número de negócios realizados pelo especulador, melhor para aqueles que querem se proteger, pois encontram sempre um mercado ativo para operar, já que as operações especulativas são muito arriscadas.

Onde são negociados?

Os derivativos são negociados em Bolsa e também no chamado mercado de balcão. No Brasil, a Bolsa que concentra as operações com derivativos é a B3 – Brasil, Bolsa, Balcão. No mercado de balcão, os contratos são negociados normalmente entre uma instituição financeira e um cliente, podendo ser registrados na Bolsa. Estas são operações flexíveis, que atendem às necessidades específicas do cliente; entretanto, são mais caras, em razão do lucro da instituição financeira e dos custos que ela tem para fazer seu *hedge*.

Derivativos financeiros e não financeiros

Os derivativos podem ser financeiros e não financeiros. Os derivativos financeiros estão principalmente relacionados a taxas de juros, moedas e índices de Bolsa. Os derivativos não financeiros estão associados, por exemplo, a petróleo, café, soja, milho etc. Os derivativos financeiros mais negociados no mercado brasileiro são: **termo**, **futuros**, **opções** e *swap*.

- **Termo** é uma operação de compra e venda de um ativo, acertada na data zero, para liquidação física e financeira em uma data futura. O ativo que está sendo negociado, a quantidade desse ativo e a data de vencimento são livremente estabelecidas pelas partes envolvidas. Na data de vencimento, o comprador paga ao vendedor o preço previamente estipulado e recebe o ativo. Em alguns casos, o acerto financeiro no vencimento é feito pela diferença entre o preço a termo e à vista, sem que ocorra a transferência da propriedade do ativo.

- **Futuros** são compromissos de compra ou de venda de determinado ativo, em uma data futura, a um preço certo. No entanto, na prática, poucas operações terminam com a entrega efetiva do bem negociado. A maioria delas é liquidada mediante pagamento ou recebimento de moeda, pela diferença entre o valor de compra e o de venda. Os acertos dessas diferenças são feitos diariamente, por meio do mecanismo de ajustes diários.

- **Opções** são direitos. Existem dois tipos de opções: opção de compra (*call*) e opção de venda (*put*). Uma opção de compra representa o direito de comprar um ativo em determinada data por certo preço. Uma opção de venda representa o direito de vender um ativo em determinada data por certo preço. Muitos investidores não chegam a exercer o direito, pois fecham a posição antes do vencimento da opção, sendo que o resultado da operação é a diferença entre os valores pagos e os recebidos pelo direito.

- ***Swap*** é um contrato derivativo no qual as partes trocam indexadores de operações ativas e passivas, sem trocar o principal.

Risco de mercado

Risco de mercado é o risco de perda decorrente de oscilações no valor de ativos negociados no mercado. Os mercados financeiros têm operado cada vez mais alavancados e, consequentemente, mais voláteis nos dias atuais. A utilização crescente de derivativos também tem contribuído para o aumento da volatilidade e do risco. Com isso, surgiu a necessidade do desenvolvimento de ferramentas para medir o risco de posições financeiras. Uma das mais utilizadas tem sido o VAR (*Value at Risk*).

Mercado a termo

capítulo 2

2.1 Introdução

O termo é uma operação de compra e venda de um ativo, acertada na data zero, para liquidação física e financeira em uma data futura. O ativo que será negociado, a quantidade desse ativo e a data de vencimento da operação são livremente estabelecidos pelas partes envolvidas. Na data de vencimento, o comprador pagará ao vendedor o preço previamente estipulado e receberá o ativo. Em alguns casos, o acerto financeiro no vencimento é feito pela diferença entre os preços a termo e à vista, sem que ocorra a transferência da propriedade do ativo.

Os principais contratos a termo, negociados no mercado brasileiro, são de dólar e de ações. Os contratos a termo de dólar, também conhecidos no mercado como *forward* ou NDF (*non-deliverable forward*), são muito utilizados por empresas com dívida em dólar e por exportadores, a fim de se protegerem das oscilações cambiais. Essas empresas negociam contratos a termo de dólar nos bancos. Já os contratos a termo de ações são negociados na B3 por meio das corretoras.

Uma exigência nas negociações no mercado a termo é a apresentação de garantias das partes envolvidas. Muitas vezes, os bancos incluem as operações de dólar a termo dentro do limite de crédito que concedem às empresas. Na Bolsa, porém, nas operações a termo de ações, as garantias podem ser na forma de cobertura, para o vendedor a termo que possui o ativo para entregar, ou na forma de margem em títulos ou carta de fiança.

2.2 *Hedge* no mercado a termo de dólar

No Brasil, são muito comuns as operações a termo de real/dólar. Na prática, empresas importadoras, exportadoras ou com dívidas ou ativos em dólar costumam procurar os bancos para garantir antecipadamente a taxa de câmbio que pagarão ou receberão no futuro. Muitas vezes, a liquidação dessas operações se dá por diferença.

Exemplo 2.1

Suponha que uma empresa brasileira tenha uma dívida em dólar com um banco no valor de US$ 200.000, a qual vencerá daqui a 6 meses. Suponha também que essa empresa acerte com outro banco a cotação de R$ 2,30/US$ 1 na data zero para a compra de dólar a termo. Com isso ela garante que, em qualquer caso, a dívida custará US$ 200.000 × R$ 2,30/US$ 1 = R$ 460.000. Imagine duas situações para a cotação à vista do dólar 6 meses depois e admita acerto financeiro por diferença:

Situação 1: R$ 2,50/US$ 1

Pagamento da dívida =	(R$ 500.000)
Recebimento na operação a termo =	R$ 40.000
	(R$ 460.000)

Situação 2: R$ 2,15/US$ 1

Pagamento da dívida =	(R$ 430.000)
Pagamento na operação a termo =	(R$ 30.000)
	(R$ 460.000)

Com isso, a empresa conseguiu seu objetivo de travar a cotação que pagará no futuro, deixando de correr o risco de uma desvalorização do real. Muitas vezes, um resultado negativo, como o da segunda situação, costuma ser questionado nas empresas. Não deve. O objetivo de uma empresa é obter lucro na sua atividade principal. A operação a termo evitou que uma eventual desvalorização do real provocasse perdas financeiras, as quais, dependendo da magnitude, poderiam trazer consequências mais graves.

Exemplo 2.2

Suponha que uma empresa brasileira exportadora receberá US$ 100.000 daqui a 4 meses. Suponha ainda que essa empresa acerte com um banco, na data zero, a venda de dólar a termo à cotação de R$ 2,23/US$ 1 para 4 meses. Com isso ela garante, em qualquer caso, o recebimento de US$ 100.000 × R$ 2,23/US$ 1 = R$ 223.000 no futuro. Imagine duas situações para a cotação à vista do dólar 4 meses depois e admita acerto financeiro por diferença:

Situação 1: R$ 2,10/US$ 1

Recebimento da exportação =	R$ 210.000
Recebimento na operação a termo =	R$ 13.000
	R$ 223.000

Situação 2: R$ 2,35/US$ 1

Recebimento da exportação =	R$ 235.000
Pagamento na operação a termo =	(R$ 12.000)
	R$ 223.000

Com isso, a empresa conseguiu seu objetivo de travar a cotação que receberá no futuro, deixando de correr o risco de uma valorização do real.

2.3 Determinação do preço do dólar a termo

Contrariando o pensamento comum, o preço do dólar a termo não obedece às expectativas do mercado. Sua cotação é formada com base no preço do dólar à vista e na diferença entre as taxas de juros interna e externa (cupom cambial). Suponha que um investidor realize as seguintes operações:

1. Tome emprestado US$ 1 no mercado internacional à taxa i* (fixa);
2. Converta US$ 1 em R$ C_0 (dólar à vista na data zero);
3. Aplique R$ C_0 no mercado interno à taxa de juro interna i (fixa);
4. Compre o equivalente à sua dívida em dólar, US$ (1 + i*), no mercado a termo de dólar a R$ F_0.

Em outras palavras, o investidor tinha uma dívida de US$ (1 + i*) e, para se proteger de uma desvalorização cambial, comprou R$ $F_0 \times (1 + i^*)$ no mercado a termo de dólar, sendo F_0 a cotação do dólar a termo na abertura de posição. Esse passivo foi utilizado em uma aplicação que lhe renderá R$ $C_0 \times (1 + i)$, na mesma data do vencimento do contrato a termo.

Resultado da operação no vencimento do termo:

$$\text{R\$ } C_0\,(1 + i) - \text{R\$ } F_0\,(1 + i^*)$$

Como antes da operação todos os parâmetros são conhecidos, se R$ $C_0\,(1 + i)$ − R$ $F_0\,(1 + i^*) > 0$, tem-se um ganho sem risco.

Para não haver arbitragem,

$$F_0 \geqslant \frac{C_0\,(1 + i)}{(1 + i^*)} \qquad \textbf{(2.1)}$$

Considere agora a situação inversa:

1. Tome emprestado R$ 0 no mercado interno à taxa i (fixa);
2. Converta R$ C_0 em US$ 1;
3. Aplique US$ 1 no mercado internacional à taxa de juro i* (fixa);
4. Venda o equivalente a sua aplicação em dólar, US$ (1 + i*), no mercado a termo de dólar a R$ F_0.

Resultado da operação no vencimento do termo:

$$\text{R\$ } F_0\,(1 + i^*) - \text{R\$ } C_0\,(1 + i)$$

Como antes da operação todos os parâmetros são conhecidos, se R$ $F_0\,(1 + i^*)$ − R$ $C_0\,(1 + i) > 0$, tem-se um ganho sem risco.

Para não haver arbitragem,

$$F_0 \leqslant \frac{C_0 (1 + i)}{(1 + i^*)} \quad \textbf{(2.2)}$$

Para não haver arbitragem, as condições (2.1) e (2.2) devem ser satisfeitas.

$$F_0 = \frac{C_0 (1 + i)}{(1 + i^*)} \quad \textbf{(2.3)}$$

Constata-se, então, que em um mercado eficiente, no qual não haja chances de arbitragem, o preço do dólar a termo é função do preço do dólar à vista e da relação entre as taxas de juros interna e externa.

O preço que é dado para o cliente é um pouco maior que esse preço base, no caso de empresas com dívida em dólar, ou um pouco menor que esse preço base, no caso de empresas exportadoras, em razão do *spread* cobrado pelo banco. Por exemplo, se o preço a termo base obtido pelo banco, considerando o dólar à vista e as curvas de juro em real e de cupom cambial, é R$ 3,80, e o banco trabalha com um *spread* de R$ 0,05, ele dará um preço a termo de R$ 3,85 para a empresa com dívida em dólar e de R$ 3,75 para a exportadora.

2.4 Mercado a termo de ações

As negociações no mercado a termo de ações da B3 são bastante ativas. O preço, nessas negociações, corresponde ao preço à vista da ação mais a taxa de juro em real para o prazo da operação. A Bolsa, em sua página na internet, aponta os principais motivos que levam os investidores a comprar e a vender ações a termo:

- **Compra a termo**
  - ***Para proteger preços*** – Um aplicador que espera uma alta nos preços de uma ação ou de um conjunto delas pode comprar a termo, fixando o preço e beneficiando-se da alta da ação. Ele pode fazer isso porque, ainda que não conte, no momento, com dinheiro suficiente para a compra do lote desejado, poderá aguardar a entrada de novos recursos dentro do prazo para o qual realizou a operação.
  - ***Para diversificar riscos*** – Um aplicador quer comprar algumas ações cujas cotações estima estarem deprimidas, mas, para não assumir riscos muito elevados, não quer concentrar todos os seus recursos em apenas um ou dois papéis. Ele pode adquirir a termo quatro papéis mais atrativos, desembolsando apenas a margem de garantia. Essa diversificação envolve riscos menores que uma aplicação em ações de uma única empresa, já que a eventual perda com uma ação pode ser compensada com ganhos com as outras três.
  - ***Para obter recursos (operação caixa)*** – Na compra a termo, detentores de carteiras que precisam de recursos para uma aplicação rápida, mas não querem se desfazer de nenhuma ação, têm a alternativa de vender à vista para imediata compra a termo do mesmo papel. Isso lhes permite fazer caixa e, ao mesmo tempo, manter sua participação na empresa.

- *Para alavancar ganhos* – Por meio da compra a termo, um investidor que, em dado instante, possua determinado volume de recursos tem a possibilidade de adquirir uma quantidade de ações superior à que sua disponibilidade financeira permitiria comprar à vista naquele momento e, com isso, obter uma taxa de retorno maior, no caso de elevação dos preços à vista.

- **Venda a termo**
  - *Para financiar* – Nesse tipo de operação (de financiamento), o aplicador compra ações no mercado à vista e as vende a termo, no prazo que deseja financiar, com o objetivo de ganhar a diferença existente entre os preços à vista e a termo, ou seja, os juros da operação.
  - *Para aumentar a receita* – Na tomada de decisão de vender uma ação (sem a necessidade de uso imediato de recursos), pode-se optar por uma venda a termo, maximizando ganhos, pois serão recebidos os juros de um período além do preço à vista da ação. Esse período, que é o prazo do contrato, será escolhido pelo vendedor a termo, de acordo com a sua programação de aplicações e o seu conhecimento de alternativas futuras.

O contrato a termo de ações negociado na B3 é do tipo VC, ou seja, "à vontade do comprador". Isso significa que somente o comprador pode liquidar a operação antes do vencimento, se assim o desejar. A Bolsa exige garantias do comprador e do vendedor a termo, e estas podem ser na forma de margem em títulos, tais como ações, títulos privados ou títulos públicos, ou na forma de cobertura, que é o depósito pelo vendedor a termo das ações-objeto do contrato.

A operação a termo termina com a entrega das ações ao comprador pelo vendedor ou por liquidação financeira. A liquidação financeira, que deve ser solicitada até três dias úteis antes do vencimento, se dá mediante a venda à vista, pelo comprador, das ações compradas a termo.

Exemplo 2.3

Na data zero, foi feita uma operação a termo com 10.000 ações da Vale ON com vencimento em 90 dias corridos. O preço à vista da ação era R$ 42,00 e a taxa de juro que o mercado estava trabalhando para 90 dias corridos era 12,4% ao ano, taxa composta para 360 dias corridos. Qual foi o preço a termo negociado na data zero? Como terminaria a operação por liquidação financeira no vencimento para o comprador se a Vale ON à vista estivesse cotada a R$ 48,00?

$$\text{Preço a termo} = \text{R\$ } 42{,}00 \times (1{,}124^{(90/360)}) = \text{R\$ } 43{,}25$$

Liquidação financeira no vencimento para o comprador:

Compra a termo = 10.000 ações × R$ 43,25	=	(R$ 432.500)
Venda à vista = 10.000 ações × R$ 48,00	=	R$ 480.000
Lucro	=	R$ 47.500

2.5 Exercícios propostos

2.1 Uma empresa brasileira tem dívida de US$ 20.000 que vencerá daqui a 3 meses. Para se proteger de uma eventual alta do dólar, comprou a moeda a termo para 3 meses por R$ 2,21. Mostre o que acontecerá ao final de 3 meses se o dólar estiver a R$ 2,35. Admita que o acerto financeiro na operação a termo se dê por diferença.

2.2 Calcule o preço de uma operação a termo de dólar para 180 dias corridos que um banco dará para um cliente exportador, considerando os seguintes dados na data zero: dólar à vista: R$ 3,60; juro projetado para 180 dias corridos: 12,1% ao ano; taxa efetiva para 360 dias corridos; juro em dólar projetado para 180 dias corridos: 3% ao ano; taxa linear para 360 dias corridos; *spread* cobrado pelo banco: R$ 0,02/US$ 1.

2.3 Calcule o preço a termo de uma operação com 1.000 ações da Petrobrás PN, com vencimento em 60 dias corridos. A cotação da Petrobrás PN à vista era R$ 23,00 e a taxa de juro projetada para 60 dias corridos era 12% ao ano, taxa efetiva para 360 dias corridos. Mostre como terminaria a operação para o comprador por liquidação financeira no vencimento, caso a ação da Petrobrás PN estivesse cotada a R$ 20,00.

Conceitos básicos de mercados futuros

capítulo 3

3.1 Introdução

Em uma operação no mercado futuro, o investidor se compromete contratualmente a comprar ou vender determinado ativo, em certa data futura, a um preço previamente estipulado. Na prática, apenas poucas operações terminam com a entrega efetiva do bem negociado: a maioria dos contratos é liquidada mediante o pagamento ou o recebimento de moeda a partir do cálculo da diferença entre o valor de compra e o de venda, sem que haja na entrega física do bem ou ativo.

No Brasil, a instituição responsável pela organização e manutenção desse mercado é a B3, com sede em São Paulo, capital. Os principais contratos futuros negociados na Bolsa são:

DI_1: DI de um dia;
DOL e WDO: dólar comercial normal e dólar comercial mini, respectivamente;
DDI e FRA: cupom cambial sujo e cupom cambial limpo, respectivamente;
IND e WIN: Ibovespa normal e Ibovespa mini, respectivamente.

Os contratos futuros de DI de um dia negociam a taxa de juro efetiva dos depósitos interfinanceiros (DI), definida, para esse efeito, pela acumulação das taxas médias diárias de DI de um dia, calculadas pela Central de Custódia e Liquidação de Títulos (Cetip) para o período compreendido entre o dia da operação no mercado futuro, inclusive, e o último dia de negociação, inclusive.

Os contratos futuros de dólar comercial negociam a taxa de câmbio de reais por dólar dos Estados Unidos para pronta entrega no último dia de negociação do contrato. Existem dois tipos de contratos: normal (DOL) e mini (WDO).

Os contratos de cupom cambial têm por objeto o diferencial entre a taxa do CDI e a variação cambial para determinado período, ou seja, o chamado cupom cambial. Existem dois tipos de contratos de cupom cambial na B3: o contrato futuro de DDI, que negocia o chamado cupom cambial sujo, em que a variação cambial é medida a partir do dólar Ptax (média apurada pelo Banco Central) do dia anterior, e a operação estruturada de FRA, que negocia o chamado cupom cambial limpo, em que a variação cambial é medida a partir do dólar à vista do dia.

Os contratos futuros de Ibovespa negociam o índice de ações da Bolsa para o último dia de negociação do contrato. Existem dois tipos de contrato: normal (IND) e mini (WIN).

Esses quatro contratos serão detalhadamente estudados nos capítulos seguintes. Existem diversos outros contratos futuros transacionados na B3, os quais têm pouca ou quase nenhuma liquidez. A relação completa pode ser obtida na página da Bolsa na internet. Os contratos futuros são comprados e vendidos em pregão eletrônico. As operações no pregão de viva-voz foram encerradas em 2009.

3.2 Posições

Quando um investidor entra no mercado futuro, diz-se que ele está abrindo uma posição. A abertura de posição acontece quando é dada uma ordem de compra ou de venda de contratos por meio de uma corretora de valores na qual o investidor esteja cadastrado e tenha conta.

O fechamento de posição no mercado futuro acontece por meio da operação inversa à original e pode ocorrer a qualquer momento, até o último dia de negociação do contrato. Se o investidor tiver entrado comprando, ele sairá vendendo. Se o investidor tiver entrado vendendo, ele sairá comprando.

Abertura de posição	**Fechamento de posição**
compra	vende
ou	ou
vende	compra

É importante ressaltar que, no fechamento da posição, o investidor deve negociar o contrato que tenha a mesma especificação (ativo e data de vencimento) do contrato negociado na abertura da posição. Por exemplo, se na data zero o investidor abriu posição vendendo 20 contratos futuros de dólar com vencimento em fevereiro de 2022, para fechar a posição ele deverá comprar 20 contratos futuros de dólar com vencimento em fevereiro de 2022.

Grande parte das posições é fechada antes do último dia de negociação. Na prática, inclusive, são comuns as operações chamadas de *day trade*, nas quais o investidor abre e fecha a posição no mesmo pregão. Quando a operação é aberta em um pregão e fechada em outro, ela é chamada operação normal.

3.3 Padronização dos contratos

Os contratos futuros são padronizados pela Bolsa quanto ao seu tamanho, último dia de negociação e vencimento. Esse procedimento tem o intuito de proporcionar liquidez aos contratos, pois facilita as negociações. As especificações atuais dos contratos futuros mais negociados na B3 e seus minis, que destacamos antes, são:

Contrato	Valor	Último dia de negociação (UDN)	Vencimento
DI_1	R$ 100.000	Último dia útil do mês anterior ao mês de vencimento	Primeiro dia útil do mês de vencimento
DOL	US$ 50.000	Último dia útil do mês anterior ao mês de vencimento	Primeiro dia útil do mês de vencimento
WDO	US$ 10.000	Último dia útil do mês anterior ao mês de vencimento	Primeiro dia útil do mês de vencimento
DDI e FRA	US$ 50.000	Último dia útil do mês anterior ao mês de vencimento	Primeiro dia útil do mês de vencimento
IND	Cotação a futuro × R$ 1,00	Quarta-feira mais próxima do dia 15 dos meses pares	Quarta-feira mais próxima do dia 15 dos meses pares
WIN	Cotação a futuro × R$ 0,20	Quarta-feira mais próxima do dia 15 dos meses pares	Quarta-feira mais próxima do dia 15 dos meses pares

Na B3, até meados do primeiro semestre de 2006, os contratos futuros eram especificados pelo mês e ano de vencimento. Por exemplo, o contrato futuro de DI de um dia MAR 1 venceu no primeiro dia útil de março de 2001; o contrato futuro de DDI ABR 2 venceu no primeiro dia útil de abril de 2002.

Hoje, os contratos futuros são especificados pelas seguintes letras, seguidas do ano de vencimento com dois dígitos:

F – Janeiro
G – Fevereiro
H – Março
J – Abril
K – Maio
M – Junho
N – Julho

Q – Agosto
U – Setembro
V – Outubro
X – Novembro
Z – Dezembro

3.4 Margem e ajustes diários

Ao abrir uma posição no mercado futuro, seja comprando ou vendendo contratos, o investidor deve depositar garantias do dia útil subsequente (D+1). O cálculo dessa margem de garantia é relativamente complexo e seu objetivo é cobrir perdas potenciais nas posições em aberto por dois ou três dias úteis. Quanto maior a volatilidade do ativo-objeto, maior o valor da margem de garantia exigida pela Bolsa, e, em razão das condições do mercado, esse valor pode mudar a qualquer momento. Os valores das margens de garantia exigidas a cada momento devem ser obtidos na corretora que o investidor tiver conta.

Vários ativos são aceitos pela Bolsa como margem de garantia, e os principais são: títulos públicos federais, ações, títulos privados, cartas de fiança e dinheiro. Na prática, essa exigência da Bolsa raras vezes é atendida por meio de depósitos em dinheiro; no entanto, caso o investidor prefira colocar a garantia dessa maneira, a B3 aplicará a quantia equivalente no mercado financeiro, e os recursos terão alguma correção.

Todas as posições em aberto no mercado futuro são ajustadas diariamente. Isso quer dizer que os ganhos e as perdas obtidos pelos investidores em determinado pregão serão recebidos ou pagos em dinheiro, em D+1, por meio de crédito ou débito em conta corrente da corretora na qual foi feito o negócio. O valor em que a Bolsa se baseia para calcular esses ganhos e perdas nos diversos contratos é obtido pela média ponderada dos negócios que aconteceram com esses contratos nos últimos 15 ou 30 minutos do pregão (ou outro tempo qualquer especificado no contrato).

O objetivo principal desses acertos diários de ganhos e perdas é reduzir o risco do mercado. Na medida em que as perdas têm de ser pagas em D+1, o risco de o investidor não ter como pagá-las fica bastante reduzido, pois, caso o pagamento não seja efetuado, a Bolsa lança mão das margens de garantias depositadas e encerra a posição do investidor, evitando assim que as perdas se acumulem.

3.5 Custos operacionais e impostos

Ao fazer operações no mercado futuro, o investidor incorre nos seguintes custos operacionais ao abrir e fechar posições:

- Taxa operacional;
- Taxa de emolumentos;

- Taxa de registro;
- Outros custos.

Taxa operacional é aquela devida pela corretagem da operação. Os valores são definidos pelas Corretoras e devem ser obtidos junto a estas. A maneira mais comumente adotada atualmente é a cobrança de um valor fixo por contrato negociado.

Taxa de emolumentos é aquela que a Bolsa cobra pela execução das ordens de compra e de venda de contratos futuros. As regras de cálculo e os valores cobrados devem ser consultados na página da B3 na internet.

Taxa de registro refere-se ao serviço de registro pela *Clearing* da Bolsa e incide na abertura e no encerramento de posições. Essa taxa pode ser fixa ou variável, dependendo do tipo de contrato futuro. Esses valores devem ser buscados na página da Bolsa na internet.

Outros custos são aqueles que foram definidos pela Bolsa no Ofício Circular BM&F 079/2007-DG.

Todos esses custos operacionais são devidos no dia útil seguinte ao da operação no mercado futuro.

Na nota de corretagem, além da dedução de tais custos, são deduzidos também, no dia útil subsequente, o valor dos seguintes impostos: ISS, PIS, COFINS e IRRF *Day Trade*; este, caso haja lucro na operação. Além disso, no mês seguinte, o investidor deverá pagar o imposto de renda de 20% sobre o ganho líquido do mês, se a operação tiver sido *day trade*, ou de 15%, se tiver sido operação normal, deduzidos os valores de IRRF que foram descontados antecipadamente na nota de corretagem.

Observe este exemplo: em 28/11/2018 foi feita uma operação de *day trade* com cinco contratos futuros de dólar mini (veja nota de corretagem na página a seguir). O investidor comprou pelo preço médio de R$ 3,8595 e vendeu ao preço médio de R$ 3,86330. O lucro bruto obtido foi (R$ 3,86330 − R$ 3,8595) × 5 contratos × US$ 10,000 = R$ 190,00. Os custos operacionais cobrados foram: corretagem (R$1 por contrato × 10 contratos = R$ 10,00), taxa de emolumentos (R$ 2,20), taxa de registro (R$ 2,40) e os outros custos (R$ 0,33), totalizando R$ 14,93. O lucro líquido foi R$ 190,00 − R$ 14,93 = R$ 175,07. Em cima desse valor líquido foi cobrado o IRRF de 1% = R$ 1,75. Além disso, foram cobrados ISS, PIS e COFINS, no total de R$ 0,92. No dia seguinte, então, foi creditado na conta do investidor o valor de R$ 175,07 − R$ 1,75 − R$ 0,92 = R$ 172,40.

E considerando que esse investidor só tenha feito essa operação naquele mês, no mês seguinte ele terá de pagar de imposto de renda R$ 175,07 × 20% = R$ 35,01 (alíquota de 20% sobre o ganho líquido por ter sido uma operação de *day trade*) menos R$ 1,75, que foi o valor de IRRF descontado na nota de corretagem.

Data pregão:	Nº Nota:
28/11/2018	72618

Agente de compensação				Cliente	Custodiante	C.I.
				-		N
Banco	Agência	Conta Corrente	Acionista	Administrador	Complemento nome	

BM&F - DEPÓSITO

C/V	Mercadoria	Vencimento	Quantidade	Preço/Ajuste	Tipo Negócio	Vlr. Oper./Ajuste	D/C	Tx Operacional
C	WDO Z18	03/12/2018	3	3.858,50	DAY TRADE	544,02	D	3,00
C	WDO Z18	03/12/2018	1	3.860,00	DAY TRADE	196,34	D	1,00
C	WDO Z18	03/12/2018	1	3.862,00	DAY TRADE	216,34	D	1,00
V	WDO Z18	03/12/2018	2	3.866,00	DAY TRADE	512,68	C	2,00
V	WDO Z18	03/12/2018	1	3.861,50	DAY TRADE	211,34	C	1,00
V	WDO Z18	03/12/2018	1	3.862,50	DAY TRADE	221,34	C	1,00
V	WDO Z18	03/12/2018	1	3.860,50	DAY TRADE	201,34	C	1,00

Venda Disponível	Compra Disponível	Vendas Opções	Compras Opções	Valor Negócios
0,00	0,00	0,00	0,00	190,00 | C
IRRF	**IRRF Day Trade (Projeção)**	**Taxa Operacional**	**Taxa Registro BMF**	**TAXA BMF (emo.f.gar)**
0,00 |	1,75	10,00	2,40	2,20 | D
+ Outros custos	**I.S.S.**** (SÃO PAULO)**	**Ajuste da Posição**	**Ajuste day Trade**	**Total das Taxas**
0,33	0,92	0,00 | D	190,00 | C	14,93 | D
IRRF Corretagem	**Total Conta Investimento**	**Total Conta Normal**	**Total líquido (#)**	**Total líquido da Nota**
0,00	0,00 |	173,32 | C	0,00 |	172,40 | C

+Custos BM&F, conforme Ofício Circular BM&F 079/2007-DG
-Exercícios de opções = EXO
-OZ1 = 249,72 grs. / OZ2=9,990 grs. / OZ3 = 0,225 grs.
* Negocios gerados automaticamente pelo sistema.
# V1 isento CPMF emenda constitucional 37 - (vl. informativo)
@ Corretora ou Pessoa Vinculada atuou na Contra Parte
** Valores pagos conforme previsão do Contrato de Transferência de negócios realizados dna BMF (Repasse / Brokerage), celebrando entre as Corretoras Intermediadoras e a Corretora
*** Taxa referente à liquidação das operações intermediadas por Terceiros e as operações feitas integralmente pela Corretora.

BM&FBOVESPA
A Nova Bolsa

Fonte: B3

3.6 Diferenças entre os mercados futuro e a termo

A definição de contrato a termo é igual à de contrato futuro. A principal diferença existente entre ambas as operações está na liquidação financeira, pois, ao contrário dos contratos futuros, os contratos a termo não são ajustados diariamente.

Mercado futuro de dólar comercial

capítulo 4

4.1 Introdução

Os contratos futuros de taxa de câmbio de reais por dólar comercial são negociados na B3 e servem, na prática, para que importadores, exportadores e empresas com ativos ou dívidas em dólar possam se proteger do risco cambial.

A Bolsa padroniza os contratos quanto a objeto de negociação, tamanho e data de vencimento. O objeto de negociação é a taxa de câmbio de reais por dólar dos Estados Unidos para pronta entrega. Os contratos são de US$ 50.000 (contrato normal) e de US$ 10.000 (minicontrato). A data de vencimento dos contratos é o primeiro dia útil (dia de pregão) do mês de vencimento e sua negociação se dá até o último dia útil (dia de pregão) do mês anterior ao mês de vencimento. São cotados em reais por US$ 1.000, com até três casas decimais, e os ajustes são estabelecidos pela média ponderada dos negócios realizados nos últimos 15 minutos do pregão ou por um preço arbitrado pela Bolsa.

4.2 Especulação

O investidor (especulador) que aposta que o dólar comercial à vista subirá abre sua posição comprando contratos futuros. Caso a sua previsão se concretize, ele terá um ganho financeiro; contudo, caso o dólar venha a cair, ele terá uma perda. Analogamente, o investidor (especulador) que aposta que o dólar comercial à vista cairá abre sua posição vendendo contratos futuros. Se a sua previsão se concretizar, terá um ganho financeiro, mas se o dólar vier a subir, ele terá uma perda.

No exemplo a seguir, mostramos os detalhes de uma operação especulativa nesse mercado, incluindo toda a movimentação financeira em D+1.

Exemplo 4.1

No início do pregão de 6/3/2019, um investidor comprou 20 contratos de dólar futuro J19 a R$ 3,803. O investidor fechou essa posição em 8/3/2019, no final do pregão, a R$ 3,872. Qual o ganho/perda do investidor na operação?

Em D+1 de 6/3/2019

Ajuste diário:

Ajuste diário = (ajuste de 6/3/2019 – cotação da abertura de posição) × nº de contratos × valor do contrato

ou seja:

Ajuste diário = (R$ 3,8371710 – R$ 3,803) × 20 × US$ 50.000 = R$ 34.171,00

Em D+1 de 7/3/2019

Ajuste diário:

Ajuste diário = (Ajuste de 7/3/2019 – Ajuste de 6/3/2019) × nº de contratos × valor do contrato

ou seja:

Ajuste diário = (R$ 3,8903000 – R$ 3,8371710) × 20 × US$ 50.000 = R$ 53.129,00

Em D+1 de 8/3/2019

Preço de venda no final do pregão de 8/3/2019 = R$ 3,872

Ajuste diário:

Ajuste diário = (Valor de venda – Ajuste de 7/3/2019) × nº de contratos × valor do contrato

ou seja:

Ajuste diário = (R$ 3,872 – R$ 3,8903000) × 20 × US$ 50.000 = (R$ 18.300,00)

Conclusão: Nessa operação, o investidor teve um lucro bruto, sem considerar as despesas de corretagem e as taxas da Bolsa, de R$ 69.000,00, representado pela soma dos ajustes diários.

4.3 *Hedge*

Empresas que desejem proteger-se contra uma desvalorização do real em relação ao dólar, como importadores e empresas que possuem passivos em dólar, devem abrir posição comprando contratos futuros de dólar comercial. Desse modo, se houver uma desvalorização maior do real no período, a empresa que tiver efetuado a operação de *hedge* comprará os dólares ao preço da operação no mercado futuro na data zero, não sofrendo os efeitos da desvalorização.

A Figura 4.1, a seguir, representa uma empresa importadora que comprou contratos futuros de dólar comercial à taxa B (R$/US$). Caso a empresa não tivesse realizado o *hedge*, seu desembolso, na data de vencimento, seria de acordo com a taxa C. Assim, com a realização dessa operação, a empresa deixou de desembolsar (C − B) × valor da operação em dólar, o que corresponde ao seu ganho no mercado futuro.

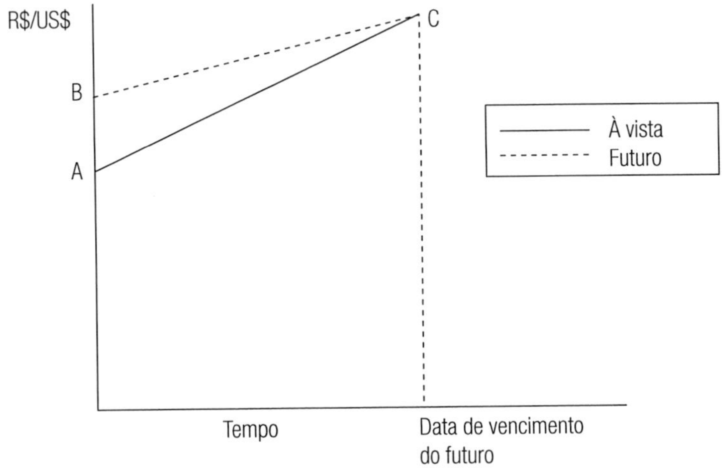

Figura 4.1 Empresa importadora que comprou contratos futuros de dólar comercial.

Exemplo 4.2

Uma empresa importadora fechou câmbio de US$ 2.000.000 em 29/3/2019 (último dia útil de março de 2019). Em 6/3/2019, ela fez a seguinte operação de *hedge* no mercado futuro: compra de 40 contratos de dólar futuro J19 a R$ 3,803. Supondo que o dólar à vista estivesse a R$ 3,90 em 29/3/2019, a operação ficaria assim:

Pagamento da importação = US$ 2.000.000 × R$ 3,90 =	(R$ 7.800.000)
Ganho no *hedge* = (R$ 3,90 − R$ 3,803) × 40 × 50.000 =	R$ 194.000
	(R$ 7.606.000)

o que corresponde a US$ 2.000.000 × R$ 3,803. Ou seja, ao fazer o *hedge* em 6/3/2019 no mercado futuro de dólar comercial, a empresa garantiu a taxa de câmbio que iria pagar em 29/3, independentemente do que pudesse acontecer com o dólar à vista.

Empresas que desejam proteger-se contra uma valorização do real em relação ao dólar, como exportadores e empresas que possuem ativos em dólar, devem abrir posição vendendo contratos futuros de dólar comercial. Desse modo, se houver uma valorização do real no período, a empresa que tiver efetuado a operação de *hedge* venderá os dólares ao preço da operação no mercado futuro na data zero, não sofrendo os efeitos da valorização.

A Figura 4.2, a seguir, representa uma empresa exportadora que vendeu contratos futuros de dólar comercial com a taxa B (R$/US$). Se a empresa não tivesse realizado o *hedge*, o valor recebido, na data de vencimento, seria de acordo com a taxa C. Assim, com a realização dessa operação, a empresa deixou de perder (B − C) × valor da operação em dólar, o que corresponde ao seu ganho no mercado futuro.

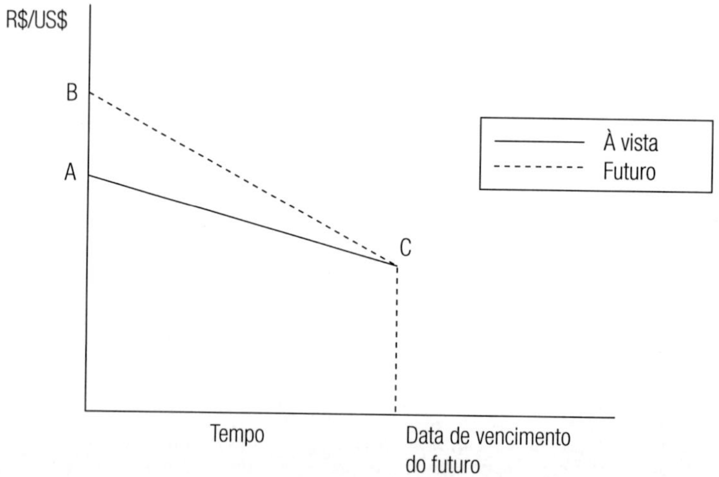

Figura 4.2 Empresa exportadora que vendeu contratos futuros de dólar comercial.

Exemplo 4.3

Uma empresa exportadora fechou câmbio de US$ 1.000.000 em 29/3/2019 (último dia útil de março de 2019). Em 6/3/2019, ela fez a seguinte operação de *hedge* no mercado futuro: venda de 20 contratos de dólar futuro J19 a R$ 3,803. Supondo que o dólar à vista estivesse a R$ 3,90 em 29/3/2019, a operação ficaria assim:

Recebimento da exportação = US$ 1.000.000 × R$ 3,90 =	R$ 3.900.000
Perda no *hedge* = (R$ 3,803 – R$ 3,90) × 20 × 50.000 =	(R$ 97.000)
	R$ 3.803.000

o que corresponde a US$ 1.000.000 × R$ 3,803. Ou seja, ao fazer *hedge* em 6/3/2019 no mercado futuro de dólar comercial, a empresa garantiu a taxa de câmbio que iria receber em 29/3/2019, independentemente do que acontecesse com o dólar à vista.

4.4 Exercícios resolvidos

4.4.1 Uma empresa de importação que fechou câmbio de US$ 5.000.000 em 29/3/2019 (último dia útil de março de 2019) efetuou um *hedge* no mercado futuro de dólar comercial em 6/3/2019 a R$ 3,803. Apure o resultado final em 29/3/2019, supondo que o dólar comercial à vista esteja a R$ 3,95 nessa data.

Hedge: compra de US$ 5.000.000 ÷ US$ 50.000 = 100 contratos de dólar comercial futuro J19 a R$ 3,803.

Em 29/3/2019
Ganho do *hedge* no período: (R$ 3,95 − R$ 3,803) × 100 × US$ 50.000 = R$ 735.000,00
Pagamento da importação: US$ 5.000.000 × R$ 3,95 = (R$ 19.750.000,00)
Desembolso da empresa: (R$ 19.750.000,00) + R$ 735.000,00 = (R$ 19.015.000,00). (Esse valor é igual a US$ 5.000.000 × R$ 3,803.)

Importante: se a empresa não tivesse feito o *hedge*, teria tido um desembolso de R$ 19.750.000,00.

4.4.2 No pregão de 6/3/2019, um investidor vendeu 20 contratos de dólar futuro J19 a R$ 3,803. O investidor fechou essa posição em 8/3/2019 a R$ 3,872. Qual o ganho/perda do investidor na operação? Desconsidere os custos da operação. Os dados dos ajustes diários são os mesmos do Exemplo 4.1.

Em 7/3/2019
Ajuste diário:
Ajuste diário = (Cotação da abertura de posição − Ajuste de 6/3/2019) × nº de contratos × valor do contrato

ou seja:

Ajuste diário = (R$ 3,803 – R$ 3,8371710) × 20 × US$ 50.000 = (R$ 34.171,00)

logo, no dia 7/3/2019 serão debitados R$ 34.171,00 da conta do investidor, referentes ao ajuste do dia 6/3/2019.

Em 8/3/2019
Ajuste diário:
Ajuste diário = (Ajuste de 6/3/2019 − Ajuste de 7/3/2019) × nº de contratos × valor do contrato

ou seja:

Ajuste diário = (R$ 3,8371710 − R$ 3,8903000) × 20 × US$ 50.000 = (R$ 53.129,00)

logo, no dia 8/3/2019, o investidor terá que desembolsar R$ 53.129,00.

Em 11/3/2019 (D+1 de 8/3/2019)

Preço de fechamento da posição no pregão de 8/3/2019 = R$ 3,872

Ajuste diário = (Ajuste de 7/3/2019 − Preço de fechamento da posição) × nº de contratos × valor do contrato

ou seja:

Ajuste diário = (R$ 3,8903000 − R$ 3,872) × 20 × US$ 50.000 = R$ 18.300,00.

Resposta: o investidor teve um prejuízo de R$ 69.000,00, referente à soma dos ajustes diários.

4.4.3 Uma empresa de exportação que fechou câmbio de US$ 7.500.0000 em 29/3/2019 (último dia útil de março de 2019) efetuou um *hedge* no mercado futuro de dólar comercial em 6/3/2019 a R$3,803. Apure o resultado final em 29/3/2019, supondo que o dólar comercial à vista estivesse a R$ 3,85 naquela data. Desconsidere os custos da operação.

Hedge: venda de US$ 7.500.000/US$ 50.000 contratos de dólar comercial futuro J19 − venda de 150 contratos a R$ 3,803.

Perda do *hedge* no período: (R$ 3,803 − R$ 3,85) × 150 × US$ 50.000 = (R$ 352.500).

Recebimento pela exportação: US$ 7.500.000 × R$ 3,85 = R$ 28.875.000,00.

Total recebido pela empresa: R$ 28.875.000,00 − R$ 352.500,00 = R$ 28.522.500,00. (Esse valor é igual a US$ 7.500.000,00 × R$ 3,803.)

4.4.4 Uma empresa multinacional possuía uma dívida de US$ 9.930.486,59 em 8/3/2019, sobre a qual incidia a taxa de 12% ao ano linear, para ser paga em 29/3/2019. Em 8/3/2019, a empresa efetuou um *hedge* no mercado futuro de dólar à cotação de R$ 3,872. Apure o resultado final em 29/3/2019, supondo que o dólar comercial à vista estivesse a R$ 3,95 naquela data. Desconsidere os custos da operação.

Cálculo do valor a ser protegido (Vh):

Vh = Dívida × [1 + (Txano × {nº de dias corridos/360})]

Vh = US$ 9.930.486,59 × [1 + (0,12 × 21/360)]

Vh = US$ 10.000.000

Hedge: Compra de US$ 10.000.000/US$ 50.000 contratos de dólar comercial futuro J19, ou seja, compra de 200 contratos a R$3,872.

Ganho do *hedge* no período: (R$ 3,95 − R$ 3,872) × 200 × US$ 50.000 = R$ 780.000,00.

Pagamento da dívida: US$ 10.000.000 × R$ 3,95 = (R$ 39.500.000,00).

Desembolso da empresa: (R$ 39.500.000,00) + R$ 780.000,00 = (R$ 38.720.000,00). (Este valor é igual a US$ 10.000.000 × R$ 3,872.)

4.5 Exercícios propostos

4.1 Em 8/3/2019, um investidor, acreditando em uma alta do dólar, comprou 10 contratos normais de dólar futuro J19 a R$ 3,872. No último dia de negociação do contrato de dólar futuro J19, 29/3/2019, este foi encerrado a R$ 3,8953. Apure o resultado da operação. Desconsidere os custos operacionais.

4.2 Entre as empresas que têm prejuízo com a valorização do dólar em relação ao real, as que trabalham com importação são as mais prejudicadas. Suponha que, em 6/3/2019, um importador tenha comprado mercadorias no valor de US$ 300.000, valor este a ser pago no último dia útil do mês corrente. Naquele mesmo dia, para se proteger de uma eventual alta do dólar, o importador entrou no mercado futuro de dólar, quando os contratos J19 estavam sendo negociados a R$ 3,803. Desconsiderando os custos operacionais, apure o resultado final, na data de encerramento dos contratos, considerando as seguintes cotações do dólar:

a) R$ 3,88
b) R$ 3,75

4.3 Um grande exportador, após realizar uma venda de US$ 600.000 no dia 8/3/2019 para recebimento em 29/3/2019, fez um *hedge* no mercado futuro de dólar. Dadas as cotações a seguir, e desconsiderando-se os custos operacionais, apure o resultado da operação e compare-o com o resultado caso o exportador não tivesse optado pelo *hedge*.

Cotações:

- Contrato J19 em 8/3/2019: R$ 3,872.
- Encerramento do contrato J19 em 29/3/2019: R$ 3,70.

4.4 Em 6/3/2019, uma empresa tomou emprestado US$ 2.000.000 à taxa de 6% ao ano linear. A data de vencimento era 29/3/2019 (último dia útil de março de 2019); portanto, o prazo do empréstimo foi de 23 dias corridos. Faça *hedge* dessa dívida em 6/3/2019 e apure o resultado final em 29/3/2019, sabendo que o dólar à vista nessa data estava cotado a R$ 3,86. Desconsidere os custos operacionais. Dado: dólar futuro J19 em 6/3/2019 = R$ 3,803.

Mercado futuro de taxa de juro DI de um dia

capítulo 5

5.1 Introdução

Os contratos futuros de DI (depósitos interfinanceiros) de um dia têm seus preços formados com base nas expectativas dos agentes econômicos em relação às taxas de juros do Certificado de Depósito Interbancário (CDI), nas operações por um dia. Os CDI são títulos de emissão de instituições financeiras que lastreiam as operações do mercado interbancário. Nesse mercado, são feitas as transferências de recursos de uma instituição financeira com sobra de dinheiro para outra que esteja precisando. A maioria das operações é feita por um dia útil.

O mercado futuro de DI de um dia serve, na prática, para que as empresas e instituições financeiras possam se proteger do risco de oscilação das taxas de juros. Por exemplo, uma empresa com dívida indexada ao CDI corre o risco de as taxas de juros subirem. Uma instituição financeira com passivo prefixado e ativo em CDI corre o risco de as taxas de juros caírem.

Os contratos futuros DI de um dia negociam a taxa de juro efetiva de DI definida, para esse efeito, pela acumulação das taxas médias diárias de DI de um dia, calculadas pela Cetip (Central de Custódia e Liquidação Financeira de Títulos Privados), para o período compreendido entre o dia da operação no mercado futuro e o último dia de negociação, inclusive. O valor do contrato no vencimento é R$ 100.000,00 (100.000 pontos × R$ 1,00).

Os contratos são negociados em taxa ao ano com base em 252 dias úteis. A variação nas taxas de juros é refletida no Preço Unitário (PU) do Contrato Futuro da seguinte maneira: seu preço na data de negociação é igual ao seu preço na data de vencimento (100.000 pontos) descontado pela taxa de juros projetada para o período (dia da negociação ao dia de vencimento). Sendo o PU inversamente proporcional à taxa de juro negociada, uma elevação desta acarreta redução do PU e vice-versa. Os ganhos e perdas nesse mercado são calculados multiplicando-se o resultado em pontos obtido por R$ 1,00.

$$PU = \frac{100.000}{1 + i}$$

i – taxa de juro projetada pelos agentes econômicos até a data de vencimento do contrato futuro.

O investidor que abre uma posição vendendo taxa (comprando PU) ganha com a queda das taxas de juros e perde com a alta destas. O investidor que, ao contrário, abre uma posição comprando taxa (vendendo PU) ganha com a alta das taxas de juros e perde com a queda destas.

Os contratos vencem no primeiro dia útil do mês de vencimento. O último dia de negociação é o dia útil anterior à data de vencimento. Ao final de cada pregão, é feito o ajuste das posições em aberto com base no preço do ajuste do dia, estabelecido conforme regras da B3, com movimentação financeira em D+1. Para o cálculo do ajuste diário, o preço de ajuste do dia anterior será corrigido pela taxa média diária de DI de um dia, da Cetip, referente àquele dia, de acordo com a seguinte fórmula:

$$PC = PA_a \left(\frac{i}{100} + 1 \right)$$

PC – Preço do ajuste do dia anterior corrigido
PA_a – Preço do ajuste do dia anterior
i – Taxa média de DI de um dia, da Cetip, referente ao dia anterior

5.2 Especulação

O investidor (especulador) que aposta em uma alta das taxas de juros abre sua posição comprando taxa. Assim, se sua previsão se concretizar, ele terá um ganho financeiro (o PU cai, e ele está vendido em PU). Caso as taxas de juros venham a cair, ele terá uma perda.

O investidor (especulador) que, ao contrário, aposta em uma queda das taxas de juros abre sua posição vendendo taxa. Se as taxas de juros efetivamente caírem, ele terá um ganho financeiro (o PU sobe, e ele está comprado em PU). Caso as taxas de juros subam, ele terá uma perda.

$$i \uparrow \;\Rightarrow\; \text{C taxa (V PU)}$$
$$i \downarrow \;\Rightarrow\; \text{V taxa (C PU)}$$

No exemplo seguinte, mostramos os detalhes de uma operação especulativa nesse mercado, incluindo toda a movimentação financeira dos ajustes diários.

Exemplo 5.1

No dia 11/3/2019, um investidor vendeu taxa em 500 contratos DI futuro F21 a 7,11% ao ano, apostando em queda das taxas de juros. Ele encerrou sua posição no dia 13/3/2019, no final do pregão, a 6,89% ao ano. Dias úteis entre 11/3/2019 e

04/1/2021 (primeiro dia útil de 2021) = 457[1]. Ajustes diários obtidos na internet, em resumo estatístico B3: 11/3 = 88.339,24 e 12/3= 88.423,06

Pregão de 11/3/2019

PU da operação = 100.000/ ($1{,}0711^{457/252}$) = 88.288,37

Liquidação financeira D+1.
Ajuste diário:
Crédito de ajuste = (88.339,24 − 88.288,37) × R$ 1 × 500 = R$ 25.435,00

Pregão de 12/3/2019

Ajuste do dia 11/3 corrigido para 12/3, informado pela B3 = 88.360,99
Liquidação financeira D+1
Ajuste diário:
Crédito de ajuste = (88.423,06 − 88.360,99) × R$ 1 × 500 = R$ 31.035,00

Pregão 13/3/2019

Ajuste do dia 12/3 corrigido para 13/3, informado pela B3 = 88.444,83
PU de encerramento da operação = 100.000/($1{,}0689^{455/252}$) = 88.665,06
Liquidação financeira D+1
Ajuste diário:
Crédito de ajuste = (88.665,06 − 88.444,83) × R$ 1 × 500 = R$ 110.115,00

Como as expectativas de taxa de juros caíram de 7,11% para 6,89% e o investidor está vendido em DI Futuro, ele obteve um ganho financeiro bruto de R$ 166.585,00, que corresponde à soma dos ajustes diários.

5.3 *Hedge*

O mercado futuro de DI de um dia é utilizado por empresas, investidores e instituições financeiras que desejam se proteger das oscilações das taxas de juro brasileiras. As empresas com dívidas indexadas em CDI e investidores com ativos prefixados correm o risco de subida das taxas de juros. Eles abrem posição comprando taxa no mercado futuro, de forma que sejam compensadas eventuais perdas com a alta de juro, obtendo ganho financeiro na B3. Já instituições financeiras e investidores com ativos pós ou passivos prefixados correm o risco de queda das taxas de juros. Para se proteger, eles abrem posição vendendo taxa no mercado futuro.

A discussão das operações de *hedge* nesse mercado, contidas nos exemplos seguintes, dar-se-á em dois casos:

---

[1] Dados disponíveis em: www.dias-uteis.com. Acesso em: maio de 2019.

1º – O vencimento da operação que se quer proteger coincide com o vencimento do DI futuro (1º dia útil do mês);

2º – O vencimento da operação que se quer proteger não coincide com o vencimento do DI futuro.

5.3.1 *Hedge*: vencimento da operação igual ao vencimento do DI futuro

Exemplo 5.2

Uma empresa contrai uma dívida de R$ 10 milhões em 11/3/2019, a ser paga em 4/1/2021 (primeiro dia útil de 2021), à taxa de 100% de CDI. No mesmo dia, ela realiza um *hedge* no final do pregão a 7,07% ao ano. Qual o desembolso líquido da empresa em 4/1/2021, supondo que o CDI efetivo no período seja 15%? Despreze os custos operacionais. Dias úteis de 11/3/2019 a 4/1/2021 = 457.

Hedge em 11/3/2019: compra taxa em 113 contratos DI futuro F21 a 7,07% ao ano (correspondendo à venda de PU a $100.000/(1{,}0707^{457/252}) = 88.348{,}19$)

Cálculo do número de contratos (n)

n = valor da operação na data zero/PU na data zero × R$ 1

n = R$ 10.000.000/ R$ 88.348,19 × 1 = 113

A cotação de 7,07% embute uma expectativa de taxa de juro de $1{,}0707^{457/252} = 13{,}19\%$ para o período de 11/3/2019 a 4/1/2021.

Resultado final em 4/1/2021:

- pagamento do passivo: 10.000.000 × 1,15 = (R$ 11.500.000,00);
- ganho no *hedge*: [(88.348,19 × 1,15) − 100.000] × R$ 1 × 113 = R$ 180.847,29;
- desembolso líquido: (R$ 11.500.000,00) + R$ 180.847,29 = (R$ 11.319.152,71).

Conclusão: a empresa transformou sua dívida, que era pós, em prefixada à taxa de 13,19%, que corresponde exatamente à taxa que projetava o mercado futuro em 11/3/2019, conforme mostramos acima.

Exemplo 5.3

Vamos repetir o Exemplo 5.2, supondo agora que a dívida da empresa seja à taxa de 125% do CDI, ao invés de 100% do CDI, e que 125% do CDI no período seja 18,83%.

Hedge em 11/3: compra taxa em 141 contratos DI futuro F21 a 7,07% ao ano (correspondendo à venda de PU a $100.000/(1{,}0707^{457/252}) = 88.348{,}19$)

Cálculo do número de contratos (n)

n = valor da operação na data zero × % CDI da operação/PU na data zero × R$ 1

n = R$ 10.000.000 × 1,25/ R$ 88.348,19 × 1 = 141

A cotação de 7,07% embute uma expectativa de taxa de juro de $1{,}0707^{457/252} = 13{,}19\%$ e de pouco acima de 13,19% × 125% = 16,4875% para o período de 11/3/2019 a 4/1/2021. Pouco acima porque, na prática, os 125% do CDI são acumulados diariamente e, por juro composto, acaba sendo maior que 13,19% × 125% = 16,4875%.

Resultado final em 4/1/2021:

- pagamento do passivo: 10.000.000 × 1,1883 = (R$ 11.883.000,00);
- ganho no *hedge*: [(88.348,19 × 1,15) − 100.000] × R$ 1 × 141 = R$ 225.659,01;
- desembolso líquido: (R$ 11.883.000,00) + R$ 225.659,01 = (R$ 11.657.340,99).

Conclusão: a empresa transformou sua dívida, que era pós, em prefixada a uma taxa pouco maior que 13,19% × 125% = 16,4875%, como havíamos explicado acima.

Exemplo 5.4

Um fundo de renda fixa DI adquiriu R$ 10 milhões em papéis em 11/3/2019, que vencem em 4/1/2021 (primeiro dia útil de 2021), remunerados a uma taxa prefixada de 14,509% no período. A instituição deseja efetuar um *hedge* para se proteger de possíveis altas da taxa de juro. O *hedge* é feito no final do pregão de 11/3/2019 a 7,07% ao ano. Qual o resultado da operação, supondo que 100% do CDI no período até o vencimento do CDB seja 15%? Despreze os custos operacionais. Dias úteis de 11/3/2019 a 4/1/2021 = 457.

Hedge em 11/3/2019:

Taxa DI de um dia projetada de 11/3/2019 a 4/1/2021 = $1{,}0707^{457/252} = 13{,}19\%$, correspondendo a um PU = $100.000/(1{,}0707^{457/252}) = 88.348{,}19$

Como os papéis adquiridos possuem uma taxa superior a 13,19%, realiza-se um *hedge* no qual a taxa prefixada é trocada por 110% do CDI (110% = 14,509%/13,19%).

Cálculo do número de contratos:

n = (valor da operação na data zero × relação taxa prefixada do papel e taxa DI Futuro) /PU na data zero × R$ 1,00

Valor da operação na data zero: 10.000.000,00

n = (10.000.000,00 × 1,10) / 88.348,19 × R$ 1) = 124 contratos de DI futuro

Hedge em 11/3/2019: compra taxa (vende PU) em 124 contratos DI futuro F21 a 7,07% ao ano.

Supondo que o CDI efetivo do período seja 15%, conforme enunciado, então temos:

- recebimento do ativo: 10.000.000,00 × 1,14509% = R$ 11.450.900,00;
- ganho no *hedge*: [(88.348,19 × 1,15) − 100.000,00] × 1 × 124 = R$ 198.451,89.

Resultado final: R$ 11.450.900,00 + R$ 198.451,89 = R$ 11.649.351,89

A rentabilidade obtida foi (R$ 11.649.351,89/R$ 10.000.000,00) – 1 = 16,49%, aproximadamente 110% da taxa do CDI no período de 15%.

Conclusão: ao fazer o *hedge*, a instituição financeira trocou a taxa prefixada de 14,509% por 110% do CDI, uma vez que essa taxa prefixada era 110% da taxa projetada do DI futuro em 11/3/2019 até o vencimento do CDB.

5.3.2 *Hedge*: vencimento da operação diferente do vencimento do contrato DI-1 futuro

Quando o vencimento da operação é diferente do vencimento do contrato de DI futuro, vamos utilizar dois vencimentos de DI futuro, um anterior e outro posterior ao vencimento da operação, para fazer *hedge*. Essa estratégia foi apresentada pelos professores Sérgio Eraldo de Salles Pinto e Fernando Barroso do Amaral em artigo publicado na Resenha BM&F nº 79.

Exemplo 5.5

Considere em 11/3/2019 uma aplicação prefixada em um CDB de valor final R$15.000.000, vencimento em 15/3/2021 (505 dias úteis). Ao fazer a operação de *hedge* pela estratégia de utilização de dois vencimentos de DI futuro, considera-se que o total de contratos obtido pela divisão do valor final do CDB pelo valor final do DI futuro deve ser distribuído entre dois vencimentos de DI futuro, um anterior e outro posterior ao vencimento da operação. No exemplo, serão utilizados em 11/3/2019 os contratos futuros F21, que tinha um PU = 88.348,19 e faltando 457 dias úteis para o vencimento em 4/1/2021, e F22, que tinha PU = 81.105,73 e faltando 707 dias úteis para o vencimento em 3/1/2022. Como a aplicação é prefixada, o risco é de alta do CDI. Portanto, o investidor deverá comprar contratos futuros para fazer *hedge*.

$$x = \frac{valor\ da\ operação\ no\ vencimento}{PU\ no\ vencimento}$$

$$x1 = x \times \left[\frac{n2}{n1 + n2}\right] \times \left[\frac{(1 + i1)}{(1 + i2)}\right]^{\frac{n1}{n1+n2}}$$

$$x2 = x - x1$$

$x1$ = número de contratos futuros do primeiro vencimento

$x2$ = número de contratos futuros do segundo vencimento

$n1$ = número de dias úteis entre o primeiro vencimento de DI futuro e o vencimento da operação

$n2$ = número de dias úteis entre o vencimento da operação e o segundo vencimento de DI futuro

$i1$ = juro projetado entre a data zero e a data de vencimento do primeiro contrato de DI futuro

$i2$ = juro projetado entre a data zero e a data de vencimento do segundo contrato de DI futuro

No exemplo, os dados são os seguintes:

$$x = \frac{\text{R\$ 15.000.000}}{\text{R\$ 100.000}} = 150$$

$n1$ = 48 dias úteis entre 4 de janeiro e 15 de março de 2021

$n2$ = 202 dias úteis entre 15 de março de 2021 e 3 de janeiro de 2022

$$i1 = \frac{100.000}{88.348,19} - 1 = 0,1319$$

$$i2 = \frac{100.000}{81.105,73} - 1 = 0,2330$$

Portanto, os 150 contratos que serão vendidos para fazer o *hedge* da operação serão distribuídos entre os vencimentos F21 e F22:

$$x1 = 150 \times \left[\frac{202}{250}\right] \times \left[\frac{1,1319}{1,2320}\right]^{48/250} = 119 \text{ contratos futuros de DI fut F21}$$

$$x2 = 150 - 119 = 31 \text{ contratos DI fut F22}$$

Observe que, nessa estratégia, como o dia 15 de março de 2021 está mais próximo do vencimento do primeiro contrato, é utilizado um maior número de contratos F21 do que F22. O contrário aconteceria, caso o vencimento da operação estivesse mais próximo do vencimento do segundo contrato, com a utilização de um número maior de contratos F22. Outra observação importante sobre essa estratégia é que ela é estática. Ou seja, a operação é montada na data zero e não muda mais, pois todos os elementos que aparecem na fórmula do número de contratos não mudam.

5.4 Exercícios resolvidos

5.4.1 No dia 11/3/2019, um investidor compra taxa (vende PU) em 200 contratos DI futuro F22 a 7,77% ao ano. Dias úteis para o vencimento do contrato = 707. Qual o lucro/prejuízo da operação se ele encerrou sua posição no dia 13/3/2019 a 7,52% ao ano? (Não considere as despesas).

Dados de ajustes diários:

11/3 = 81.142,41

12/3 = 81.293,50

Taxas DI *over* para correção dos ajustes diários, informadas pela B3:

11/3 = 6,40% ao ano

12/3 = 6,40% ao ano

Pregão de 11/3/2019

PU da operação = $100.000/(1{,}0777^{707/252}) = 81.063{,}51$

- Liquidação financeira em D+1
- Ajuste diário

Débito de ajuste: (81.063,51 – 81.142,41) × R$ 1 × 200 = (R$ 15.780,00)

Pregão de 12/3/2019

Cálculo do preço do ajuste corrigido:

- $81.142{,}41 \times (1{,}0640)^{1/252} = 81.162{,}39$

  ↑ ajuste 11/3 ↑ DI 11/3

- Liquidação financeira em D+1
- Débito de ajuste (81.162,39 – 81.293,50) × R$ 1 × 200 = (R$ 26.222,00)

Pregão de 13/3/2019

PU da operação = $100.000/(1{,}0752^{705/252}) = 81.640{,}39$

Cálculo do preço do ajuste corrigido:

$81.293{,}50 \times (1{,}0640)^{1/252} = 81.313{,}51$

↑ ajuste 12/3 ↑ DI 12/3

- Liquidação financeira em D+1
- Débito de ajuste (81.313,51 – 81.640,39) × R$ 1 × 200 = (R$ 65.376,00)

Resposta: O investidor teve um prejuízo de R$ 107.378,00 na operação, representado pela soma dos ajustes diários.

5.4.2 Uma empresa contrai uma dívida de R$ 20 milhões a 100% do CDI em 11/3/2019, a ser paga em 3/1/2022 (primeiro dia útil de janeiro/2022). No mesmo dia, ela realiza um *hedge* no final do pregão. Qual o desembolso líquido da empresa em 3/1/2022, supondo que o CDI efetivo no período tenha sido de 25% no período? Não considere as despesas. O PU correspondente à taxa negociada do DI futuro em 11/3/2019 é 81.063,51, o mesmo do exercício 5.4.1.

Cálculo do número de contratos:

n = valor da operação na data zero/PU × R$ 1
n = R$ 20.000.000/81.063,51 × 1 = Compra taxa (vende PU) em 247 contratos DI futuro F22.

A cotação de 81.063,51 pontos embute uma expectativa de taxa de juro de 100.000/81.063,51 = 23,36% para o período de 11/3/2019 a 3/1/2022.

Resultado final em 3/1/2022:

- pagamento do passivo: R$ 20.000.000 × 1,25 = (R$ 25.000.000,00);
- ganho do *hedge*: [(81.063,51 × 1,25) – 100.000] × R$ 1 × 247 = R$ 328.358,71;
- desembolso líquido: (R$ 25.000.000,00) + R$ 328.358,71 = (R$ 24.671.641,29).

Conclusão: a empresa transformou sua dívida, que era pós, em prefixada à taxa de (R$ 24.671.641,29/R$ 20.000.000,00) − 1 = 23,36%.

5.4.3 Uma instituição financeira toma R$ 20.000.000 emprestados em 11/3/2019 até 3/1/2022 à taxa efetiva no período de 22,5% e empresta o mesmo valor, pelo mesmo período, a uma taxa igual a 100% do CDI. A instituição deseja efetuar um *hedge* para se proteger de possíveis quedas da taxa de juro. Qual o resultado da operação? Despreze os custos operacionais.

Hedge em 11/3/2019: vende taxa (compra PU)
PU correspondente à taxa negociada no contrato F22 = 81.063,51 pontos, a mesma do exercício 5.4.1

Cálculo do número de contratos:

n = valor da operação na data zero/PU na data zero × R$ 1
Valor da operação da data zero: R$ 20.000.000,00
n = R$ 20.000.000,00/81.063,51 = 247 contratos de DI futuro F22

Supondo que o CDI efetivo do período de 11/3/2019 a 3/1/2022 tenha sido de 22%, então temos que:

- recebimento do ativo: R$ 20.000.000,00 × 1,22 = R$ 24.400.000,00;
- ganho no *hedge*: [100.000,00 − (81.063,51 × 1,22)] × R$ 1 × 247 = R$ 272.321,90;
- Resultado final: R$ 24.400.000,00 + R$ 272.321,90 = R$ 24.672.321,90 (R$ 24.672.321,90/R$ 20.000.000,00) − 1 = 23,36% .

Conclusão: ao fazer o *hedge*, a instituição financeira travou a taxa do ativo em 23,36% efetiva (100.000,00/81.063,51), assegurando um *spread* de 23,36% − 22,5%, independentemente da taxa do CDI.

5.4.4 Um Fundo de Renda Fixa DI, que paga 97% do CDI a seus investidores, comprou R$ 10 milhões em papéis de renda fixa, em 11/3/2019, com liquidação em 3/1/2022, remunerados a uma taxa de 23,36% prefixada. Como há o risco de a taxa de juro subir, o Fundo faz um *hedge* na data de aquisição dos papéis. Qual o recebimento efetivo do Fundo na operação, supondo que o CDI efetivo no período tenha sido igual a 24,6%? O PU correspondente à taxa negociada no contrato F22 em 11/3/2019 é 81.063,51, a mesma do exercício 5.1.

O PU de 81.063,51 pontos embute uma expectativa de taxa de juro de (100.000/81.063,51) − 1 = 23,36% para o período 11/3/2019 a 3/1/2022. Como a taxa de juro dos papéis adquiridos é igual à taxa de expectativa do mercado, usamos a fórmula abaixo para calcular o número de contratos.

n = valor da operação na data zero/PU na data zero × R$ 1

n = R$ 10.000.000/81.063,51 × R$ 1 compra taxa (vende PU) em 123 contratos DI futuro F22.

Resultado final em 3/1/2022:

- recebimento do ativo: 10.000.000 × 1,2336 = R$ 12.336.000,00;
- ganho no *hedge*: [(81.063,51 × 1,246) – 100.000] × R$ 1 × 123 = R$ 123.631,42;
- recebimento efetivo: R$ 12.336.000,00 + R$ 123.631,42 = R$ 12.459.631,42, que corresponde a (R$ 12.459.631,42/R$ 10.000.000,00) – 1 = 24,6%, a taxa do CDI do período.

Conclusão: o fundo trocou a taxa prefixada do seu ativo por 100% do CDI, tornando-o compatível com seu passivo a 97% do CDI.

5.4.5 No Exercício 5.4.2, qual seria o número de contratos que a empresa deveria comprar, se a dívida de R$20.000.000,00 fosse a 130% do CDI ao invés de 100% do CDI?

Cálculo do número de contratos:

n = valor da operação na data zero × % CDI / PU × R$ 1

n = (R$ 20.000.000 × 130%)/81.063,51 × R$ 1 compra taxa (vende PU) em 321 contratos DI futuro F22.

5.5 Exercícios propostos

5.1 No dia 11/3/2019, um investidor vende taxa (compra PU) em 300 contratos DI FUT F22 a 7,75% ao ano.

Qual o lucro/prejuízo da operação se ele encerrou sua posição no dia seguinte a 7,62% ao ano? Não considere taxas operacionais.

Dados: ajuste do contrato F22 em 11/3 = 81.142,41
ajuste corrigido do contrato F22 para 12/3 = 81.162,39
dias úteis entre 11/3/2019 e 3/1/2022 = 707

5.2 Uma empresa contrai uma dívida de R$ 5.000.000 em 12/3/2019, a ser paga em 3/1/2022 à taxa de 100% do CDI. No mesmo dia, ela realiza uma operação de *hedge* no final do pregão no contrato F22. O PU correspondente à operação efetuada foi de 81.293,50 pontos. Qual o desembolso líquido da empresa em 3/1/2022, supondo que o CDI efetivo no período tenha sido de 26%? Despreze os custos operacionais.

5.3 Uma instituição financeira toma R$ 5.000.000 emprestados em 12/3/2019, a serem pagos em 3/1/2022 à taxa efetiva no período de 22%, e empresta o mesmo valor, pelo mesmo período, à taxa igual a 100% do CDI. A instituição deseja efetuar uma operação de *hedge* no contrato F22 para se proteger de possíveis flutuações da taxa de juro. Qual o recebimento do ativo? Qual o resultado do *hedge*? Qual o resultado da operação? Suponha que a taxa CDI efetiva no período tenha sido 21%. Despreze os custos operacionais. O PU do contrato F22 correspondente à operação realizada em 12/3/2019 foi de 81.293,50 pontos.

5.4 Um fundo de renda fixa DI adquiriu R$ 2.000.000 em papéis em 12/3/2019, que vencem em 3/1/2022, remunerados à taxa prefixada de 23%. A instituição deseja efetuar uma operação de *hedge* no contrato F22 para se proteger de possíveis altas da taxa de juro. Suponha que o CDI efetivo no período tenha sido de 24,5%. Qual o resultado da operação? O PU do contrato F22 em 12/3/2019 foi 81.293,50 pontos. Despreze os custos operacionais.

5.5 Faça *hedge* em 11/3/2019 de uma aplicação em CDB prefixado de valor final igual a R$10.000.000, vencimento em 14/6/2021. Dados dos contratos de DI futuro em 11/3/2019 (PU F21 = 88.348,19 e PU F22= 81.105,73). Dias úteis: 4/1 a 14/6/2021 = 110 e 14/6/2021 a 3/1/2022 = 140. Utilize a estratégia com dois vencimentos de DI futuro, um anterior e outro posterior ao vencimento da operação.

Mercado futuro de cupom cambial sujo (DDI)

capítulo 6

6.1 Introdução

O mercado futuro de cupom cambial sujo, ou simplesmente DDI, negocia o diferencial entre a taxa do CDI e a variação cambial com base no dólar Ptax do dia anterior para determinado período. Em termos mais específicos, o objeto de negociação do contrato é o *spread* entre:

a) a taxa de juro efetiva de depósitos interfinanceiros (DI), calculada a partir da acumulação das taxas médias diárias de DI de um dia, apuradas pela Cetip, para o período compreendido entre a data da operação no mercado futuro, inclusive, e o último dia do mês anterior ao mês de vencimento do contrato, inclusive;

b) a variação cambial, medida pela taxa de câmbio de reais por dólar dos Estados Unidos, para pronta entrega, apurada e divulgada pelo Banco Central do Brasil e observada entre o dia útil anterior à data da operação no mercado futuro, inclusive, e o último dia do mês anterior ao mês de vencimento do contrato, inclusive.

O contrato futuro de DDI serve, na prática, para que empresas e instituições financeiras possam se proteger do risco de oscilação do cupom cambial. Por exemplo, uma instituição financeira com ativo em dólar mais taxa fixa e passivo em CDI corre o risco de que o CDI do período venha a ser maior que a variação cambial mais a taxa fixa do ativo dolarizado. Esse contrato também serve aos agentes econômicos, para que, combinando-o com o DI futuro, eles possam sintetizar[1] a compra e a venda de dólar futuro.

A cotação do contrato futuro de DDI é a taxa de juro, denominada cupom cambial, como já definimos antes, expressa em percentual ao ano, com duas casas decimais. As operações de compra e de venda originalmente contratadas em taxa (cupom cambial) são

[1] Uma posição sintética envolve a negociação de dois contratos derivativos com o objetivo de simular um terceiro.

transformadas em posições de venda e de compra, respectivamente, pelo preço unitário (PU) definido como 100.000 no vencimento do contrato descontado pela taxa (cupom cambial) relativa à operação ajustada a seu prazo:

Posição comprada em taxa = Posição vendida em PU
Posição vendida em taxa = Posição comprada em PU

$$PU = \frac{100.000}{\left(\frac{i_t}{360} \times n\right) - 1}$$

i_t = Taxa do cupom relativa ao dia t
n = Número de dias corridos compreendidos entre a data t, inclusive, e a data de vencimento do contrato, exclusive

Exemplo 6.1

Suponha uma negociação à taxa de 7,89% ao ano, faltando 30 dias corridos para o vencimento do contrato, exclusive. O PU seria:

$$PU = \frac{100.000}{\left(\frac{0{,}0789}{360} - 30\right) - 1} = 99.346{,}79$$

O investidor que abre uma posição comprando taxa (vendendo PU) ganha com a elevação do cupom cambial e perde com a queda deste. O investidor que, ao contrário, abre uma posição vendendo taxa (comprando PU) ganha com a diminuição do cupom cambial e perde com a alta deste. Os ganhos e as perdas nesse mercado são calculados multiplicando-se o resultado em pontos obtidos por US$ 0,5[2] e pela taxa de venda do dólar[3] verificada no dia útil anterior.

Ao abrir uma posição comprando ou vendendo contratos, o investidor deve depositar uma margem de garantia como nos demais contratos futuros e pagar as taxas de corretagem e da Bolsa.

Os contratos vencem no primeiro dia útil do mês de vencimento. O último dia de negociação é o dia útil anterior à data de vencimento. Ao final de cada pregão, é feito o ajuste das posições em aberto com base no preço do ajuste do dia, estabelecido conforme regras da B3, com movimentação financeira em D+1. Para o cálculo do ajuste diário, o preço de ajuste do dia anterior será corrigido de acordo com a seguinte fórmula:

[2] O valor do contrato é de US$ 50.000 no vencimento.

[3] Taxa de venda do dólar comercial apurada pelo Bacen é divulgada pelo Sisbacen, transação Ptax 800, opção "5-L", utilizada com até sete casas decimais.

$$PC = PA_{t-1} \times \frac{1 + \frac{i_{t-1}}{100}}{\frac{TC_{t-1}}{TC_{t-2}}}$$

PC = Preço de ajuste corrigido
PA_{t-1} = Preço de ajuste do dia anterior
i = Taxa média de DI de um dia, da Cetip, referente ao dia anterior (t − 1)
TC_{t-1} = Taxa de venda do dólar do dia anterior (t − 1)
TC_{t-2} = Taxa de venda do dólar do segundo dia imediatamente anterior (t − 2)

6.2 Especulação

O investidor (especulador) que acredita em uma abertura do cupom cambial abre sua posição comprando taxa (vendendo PU). Assim, se sua previsão se confirmar, ele terá um ganho financeiro (o PU cai e ele está vendido em PU). Caso o cupom cambial venha a diminuir, ele terá uma perda.

O investidor (especulador) que, ao contrário, aposta no fechamento do cupom cambial abre sua posição vendendo taxa (comprando PU). Se o cupom cambial diminuir, ele terá um ganho financeiro (o PU sobe, e ele está comprado em PU). Caso o cupom cambial abra, ele terá uma perda.

cupom ↑ ⇒ C taxa (V PU)
cupom ↓ ⇒ V taxa (C PU)

No exemplo a seguir, mostramos os detalhes de uma operação especulativa nesse mercado, incluindo toda a movimentação financeira dos ajustes diários.

Exemplo 6.2

No dia 22/8/2000, um especulador comprou taxa (vendeu PU) em 500 contratos de DDI futuro JAN 1 a 97.250 pontos, apostando em abertura do cupom cambial. Ele encerrou a posição em 24/8/2000 a 97.635 pontos.

Pregão de 22/8/2000
Liquidação financeira em D+1:
Ajuste diário:
Crédito de ajuste = (97.250 – 97.244,44) × 0,5 × 1,8199 × 500 = R$ 2.529,66
(↑ 97.244,44: ajuste 22/8; ↑ 1,8199: dólar 21/8)

Pregão de 23/8/2000

Liquidação financeira em D+1:

Cálculo do preço de ajuste corrigido:

$$\underset{\substack{\uparrow \\ \text{ajuste 22/8}}}{97.244,44} \times \frac{\overset{\substack{1 + \text{DI 22/8} \\ \downarrow}}{(1,1641)^{1/252}}}{\dfrac{1,8169 \leftarrow \text{dólar 22/8}}{1,8199 \leftarrow \text{dólar 21/8}}} = 97.463,76$$

Ajuste diário:

Débito de ajuste = ...

... $(97.463,76 - \underset{\substack{\uparrow \\ \text{ajuste 23/8}}}{97.812,27}) \times 0,5 \times 1,8169 \times 500 = (\text{R\$ } 158.301,95)$

Pregão de 24/8/2000

Liquidação financeira em D+1:

= Cálculo do preço de ajuste corrigido:

$$\underset{\substack{\uparrow \\ \text{ajuste 23/8}}}{97.812,27} \times \frac{\overset{\substack{1 + \text{DI 23/8} \\ \downarrow}}{(1,1615)^{1/252}}}{\dfrac{1,8186 \leftarrow \text{dólar 23/8}}{1,8169 \leftarrow \text{dólar 23/8}}} = 97.778,91$$

Ajuste diário:

Crédito de ajuste = ...

... $(97.778,91 - 97.635) \times 0,5 \times 1,8186 \times 500 = \text{R\$ } 65.428,68$

Resultado final: (R$ 90.343,61)

O investidor teve um prejuízo de R$ 90.343,61 na operação.

6.3 *Hedge*

O mercado futuro de DDI é utilizado por empresas, investidores e instituições financeiras que desejam se proteger das oscilações do cupom cambial. Se o agente econômico tiver ativo indexado ao dólar e passivo corrigido pelo CDI, ele corre o risco de o dólar cair e o CDI subir, ou seja, de uma abertura do cupom cambial. Ele abre posição comprando taxa (vendendo PU) em contratos futuros de DDI, de forma que sejam compensadas eventuais perdas com a abertura do cupom cambial, obtendo ganho financeiro no mercado futuro. Em outra situação, se a empresa ou a instituição financeira tiver aplicação em dólar a um cupom fixo, ela corre o risco de alargamento do cupom. Abrindo uma posição comprando taxa (vendendo PU) em contratos futuros de DDI, consegue-se atrelar a rentabilidade do investimento ao cupom efetivo do período.

Já o agente econômico com ativo indexado ao CDI e passivo corrigido pelo dólar corre o risco de o CDI baixar e o dólar subir, ou seja, de um fechamento do cupom cambial. Para se proteger, ele abre posição vendendo taxa (comprando PU) em contratos futuros de DDI.

Exemplo 6.3

Suponha que em 12/8/2000 uma instituição financeira tenha adquirido títulos cambiais no valor de US$ 5.000.000, a uma taxa de 12% ao ano linear, com vencimento em 29/12/2000 (último dia útil do mês), e vá se financiar a 100% do CDI. Apure o resultado final em 2/1/2001, supondo que o CDI efetivo no período tenha sido de 7% e o dólar estivesse a R$ 1,96 em 29/12/2000.

Dados em 12/8/2000:

Dólar à vista = R$ 1,797
DI FUT JAN 1 = 94.294,20 pontos
DDI FUT JAN 1 = 97.315,05 pontos
Dias corridos de 12/8 a 29/12/2000 = 139

A cotação do DDI futuro embute o seguinte cupom cambial:

$$1 + \left(\text{cupom} \times \frac{139}{360}\right) = \frac{100.000}{97.315,05} \rightarrow \text{cupom} = 7,1457\% \text{ ao ano}$$

O objetivo do *hedge* é travar o *spread* de:

$$\frac{\text{US\$ 5 MI}\left[1 + \left(0,12 \times \frac{139}{360}\right)\right]}{\text{US\$ 5 MI}\left[1 + \left(0,071457 \times \frac{139}{360}\right)\right]} - 1 = 1,82\%$$

***Hedge* em 12/8/2000:**

$$\begin{matrix}\text{C taxa} \\ \text{V PU}\end{matrix} \quad \frac{\text{US\$ 5 MI}\left[1 + \left(0,071457 \times \frac{139}{360}\right)\right]}{\text{US\$ 50.000}} = 102,76 \text{ contratos futuros de DDI JAN 1 a } 97.315,05$$

Resultado final em 2/1/2001:
Recebimento do ativo:
US$ 5.231.666,67 × 1,96 = R$ 10.254.066,67
Pagamento do passivo:
US$ 5.000.000 × 1,797 × 1,07 = (R$ 9.613.950)

Resultado do *hedge*:

$$\left[\left(97.315{,}05 \times \frac{\dfrac{1{,}07}{1{,}96}}{1{,}797}\right) - 100.000\right] \times 0{,}5 \times 102{,}76 \times 1{,}96 = (\text{R\$ } 456.439{,}11)$$

Spread efetivo:

$$\frac{\text{R\$ } 10.254.066{,}67}{\text{R\$ } 9.613.950 + \text{R\$ } 456.439{,}11} - 1 = 1{,}82\%$$

6.4 Utilização do DDI futuro em *hedge* sintético do risco cambial

O contrato futuro de cupom cambial pode ser combinado com o contrato futuro de taxa de juros (DI de um dia) para sintetizar a compra e a venda de dólar futuro[4]. Essa necessidade surge, na prática, no *hedge* de operações cambiais mais longas, pois o contrato futuro de dólar só tem liquidez para um mês/um mês e meio, enquanto os contratos futuros de DI e de DDI possuem liquidez para os vencimentos mais distantes.

Para sintetizar a compra de dólar futuro, devemos:

$$\left.\begin{array}{l}\text{Vender taxa}\\ \text{Comprar PU}\end{array}\right\}\text{DDI Futuro}$$

$$\left.\begin{array}{l}\text{Comprar taxa}\\ \text{Vender PU}\end{array}\right\}\text{DI Futuro}$$

Para sintetizar a venda de dólar futuro, devemos:

$$\left.\begin{array}{l}\text{Comprar taxa}\\ \text{Vender PU}\end{array}\right\}\text{DDI Futuro}$$

$$\left.\begin{array}{l}\text{Vender taxa}\\ \text{Comprar PU}\end{array}\right\}\text{DI Futuro}$$

[4] Do artigo "Hedge sintético do risco cambial, combinando os mercados futuros de cupom cambial e de taxa de juros", publicado na *Resenha BM&F*, nº 142, novembro/dezembro 2000, por Antonio Carlos Figueiredo e Patrícia Schmitt Fontenelle.

Exemplo 6.4

Suponha que, em 23/8/2000, uma empresa contratou uma importação de US$ 10.000.000, para fechamento do câmbio em 29/12/2000 (último dia útil de dezembro/2000).

Dados em 23/8/2000:

Dólar Ptax do dia anterior = R$ 1,8169
DDI futuro JAN 1 = 97.812,27 pontos
DI futuro JAN 1 = 94.842,37 pontos

***Hedge* em 23/8/2000:**

$$\left.\begin{matrix}\text{Vende taxa}\\ \text{Compra PU}\end{matrix}\right\}\frac{\text{US\$ 10 milhões}}{\text{US\$ 50.000}} = \text{200 contratos futuros de DDI JAN 1 a 97.812,27 pontos}$$

$$\left.\begin{matrix}\text{Compra taxa}\\ \text{Vende PU}\end{matrix}\right\}\frac{\text{US\$ 10 milhões} \times \text{R\$ 1,874}}{100.000 \times \text{R\$ 1}} = \text{187,4 contratos futuros de DI JAN 1 a 94.842,37 pontos}$$

Taxa de câmbio travada:

$$\text{R\$ 1,8169} \times \frac{97.812,27}{94.842,37} = \text{R\$ 1,874}$$

Vamos supor:
Dólar em 29/12/2000 = R$ 2,00
CDI efetivo de 23/8/2000 a 2/1/2001 = 6%

Resultado final:

Pagamento da importação = US$ 10.000.000 × 2 = (R$ 20.000.000)

$$\text{Ganho DDI} = \left\{100.000 - \left[\frac{97.812,27 \times 1,06}{\frac{2,00}{1,8169}}\right]\right\} \times 0,5 \times 200 \times 2 = \text{R\$ 1.162.197,9}$$

$$\text{Ganho DI} = \{(94.842,37 \times 1,06) - 100.000\} \times \text{R\$ 1} \times 187,4 = \frac{\text{R\$ 99.867,75}}{\text{(R\$ 18.737.934,27)}}$$

Equivale a US$ 10.000.000 à taxa que foi travada a R$ 1,874.

6.5 Exercícios resolvidos

6.5.1 Suponha que uma instituição financeira possua US$ 20.000.000 aplicados ao cupom fixo de 11,84% ao ano, por 61 dias corridos, e que queira se proteger da abertura do cupom cambial no período. Apure o resultado final 61 dias depois, supondo que o cupom efetivo no período tenha sido de 13% ao ano.

Dado: DDI futuro para 61 dias = 98.033,24 pontos.
Hedge na data zero:

$$\left.\begin{array}{l}\text{C taxa}\\ \text{V PU}\end{array}\right\{ \frac{\text{US\$ 20 milhões}\left[1 + \left(0{,}1184 \times \dfrac{61}{360}\right)\right]}{\text{US\$ 50.000}} = \left\}\begin{array}{l}\text{408 contratos futuros de}\\ \text{DDI a 98.033,24 pontos}\end{array}\right.$$

Resultado final 61 dias depois:
Recebimento do ativo:

$$\text{US\$ 20 milhões}\left[1 + \left(0{,}1184 \times \frac{61}{360}\right)\right] = \text{US\$ 20.401.244}$$

Ganho DDI futuro:

$$\left\{\left[98.033{,}24 \times \left(0{,}13 \times \frac{61}{360}\right)\right] - 100.000\right\} \times 0{,}5 \times 408 = \text{US\$ 39.310}$$

Total recebido: US$ 20.401.244 + US$ 39.310 = US$ 20.440.554, que representam os US$ 20.000.000 iniciais, aplicados ao cupom efetivo do período de 13% ao ano.

6.5.2 Suponha que, em 23/8/2000, uma empresa tenha fechado um contrato de exportação de US$ 5.000.000, para fechamento do câmbio em 29/12/2000 (último dia útil de dezembro/2000).

Dados em 23/8/2000:

Dólar Ptax do dia anterior = R$ 1,8169
DDI futuro JAN 1 = 97.812,27 pontos
DI futuro JAN 1 = 94.842,37 pontos

***Hedge* em 23/8/2000:**

$$\left.\begin{array}{l}\text{Compra taxa}\\ \text{Vende PU}\end{array}\right\} \frac{\text{US\$ 5 milhões}}{\text{US\$ 50.000}} = \begin{array}{l}\text{100 contratos futuros de DDI JAN 1 a}\\ \text{97.812,27 pontos}\end{array}$$

$$\left.\begin{array}{l}\text{Vende taxa}\\ \text{Compra PU}\end{array}\right\} \frac{\text{US\$ 5 milhões} \pm 1{,}874}{100.000 \times \text{R\$ 1}} = \begin{array}{l}\text{93,7 contratos futuros de DI JAN 1 a}\\ \text{94.842,37 pontos}\end{array}$$

Taxa de câmbio travada:

$$\text{R\$ 1,8169} \times \frac{97.812{,}27}{94.842{,}37} = \text{R\$ 1,874}$$

Vamos supor:
Dólar em 29/12/2000 = R$ 1,95

CDI efetivo de 23/8/2000 a 2/1/2001 = 5%
Resultado final:
Recebimento da exportação = US\$ 5.000.000 × 1,95 = R\$ 9.750.000

$$\text{Perda DDI} = \left\{\left[\frac{97.812{,}27 \times 1{,}05}{\frac{1{,}95}{1{,}8169}}\right] - 100.000\right\} \times 0{,}5 \times 100 \times 1{,}95 = (\text{R\$ } 419.956{,}55)$$

$$\text{Ganho DI} = \{100.000 - (94.842{,}37 \times 1{,}05)\} \times \text{R\$ } 1 \times 93{,}7 = \frac{\text{R\$ } 38.933{,}43}{\text{R\$ } 9.368.976{,}88}$$

Equivale a US\$ 5.000.000, a uma taxa que foi travada a R\$ 1,874.

6.6 Exercícios propostos

6.1 Suponha uma negociação a uma taxa de 12% ao ano, faltando 30 dias corridos para o vencimento do contrato, exclusive. Qual seria o PU?

6.2 No dia 23/8/2000, um especulador vendeu taxa (comprou PU) em 300 contratos de DDI futuro DEZ 0 a 98.460 pontos, apostando em fechamento do cupom cambial. Ele encerrou a posição em 24/8/2000 a 98.290 pontos. Apure o resultado obtido. Despreze os custos operacionais.

Dados:
DI 23/8/2000 = 16,15% ao ano
Dólar 22/8/2000 = 1,8169
Dólar 23/8/2000 = 1,8186
Ajuste DEZ 0 em 23/8/2000 = 98.468,27

6.3 Suponha que uma empresa tenha contratado uma importação em 28/12/2000 para fechamento do câmbio em 28/2/2001. Determine a taxa de câmbio que essa empresa poderia travar em 28/12/2000 para o fechamento do câmbio em 20/2/2001, fazendo o *hedge* sintético de dólar.

Dados em 28/12/2000:
Dólar à vista = R\$ 1,951
DI futuro MAR 1 = 97.585 pontos
DDI futuro MAR 1 = 97.970,06 pontos

6.4 Suponha que, em 28/12/2000, um fundo cambial tenha aplicado US\$ 10.000.000 ao cupom fixo de 8,95% ao ano, com vencimento em 31/7/2001. Faça o *hedge* da operação contra o risco de abertura do cupom. Apure o resultado final em 31/7/2001, supondo que o cupom efetivo no período tenha sido de 8% ao ano.

Dados:
DDI futuro AGO 1 em 28/12/2000 = 94.926,07 pontos
Dias corridos de 28/12/2000 a 31/7/2001 = 215

Operação estruturada de cupom cambial limpo (FRA)

capítulo 7

7.1 Introdução

A operação estruturada de *forward rate agreement* (FRA) de cupom cambial, FRA de cupom (FRC), lançada em fevereiro de 2001, é resultado de estudos da B3 para o desenvolvimento de um produto que permitisse a negociação do cupom cambial sem a distorção causada pela variação da taxa de câmbio do dia anterior para o dia da operação, o chamado cupom cambial limpo.

As operações de FRA têm os mesmos objetivos já descritos no Capítulo 6: proteção de empresas e instituições financeiras contra o risco de oscilação do cupom cambial. Esses contratos foram muito bem-aceitos no mercado brasileiro e são muito negociados, o que levou o mercado futuro de DDI a perder liquidez.

Não existem posições em aberto de FRA. As operações realizadas nesse mercado são transformadas em duas posições no mercado futuro de DDI: uma de mesma natureza, na ponta longa do DDI futuro, que corresponde ao vencimento do FRA, e outra de natureza inversa, na ponta curta do DDI futuro, que corresponde ao primeiro vencimento DDI futuro.

$$\text{C FRA} \Rightarrow$$

$$\begin{cases} \text{C taxa} \\ \text{V PU} \end{cases} \quad \text{DDI futuro — ponta longa}$$

$$\begin{cases} \text{V taxa} \\ \text{C PU} \end{cases} \quad \text{DDI futuro — primeiro vencimento}$$

$$\text{V FRA} \Rightarrow$$

$$\begin{cases} \text{V taxa} \\ \text{C PU} \end{cases} \quad \text{DDI futuro — ponta longa}$$

$$\begin{cases} \text{C taxa} \\ \text{V PU} \end{cases} \quad \text{DDI futuro — ponta curta}$$

O resultado é que, na prática, ao negociar um contrato futuro de FRA, está-se negociando o cupom cambial limpo entre o primeiro vencimento de DDI futuro e o DDI futuro de ponta longa.

Exemplo 7.1

Um investidor comprou 500 contratos de FRA JAN 4 a 1,44% ao ano no dia 10/9/2003. Como seria registrada a operação na B3? Dias corridos: 10/9 a 1º/10/2003 = 21 e 10/9/2003 a 2/1/2004 = 114. Ajuste do DDI futuro OUT 3 em 10/9/2003 = 98.477,13.

$$\frac{\frac{100.000}{\text{PU JAN 4}}}{\frac{100.000}{98.477,13}} = 1 + \left[1,44\% \times \frac{114 - 21}{360}\right]$$

$$=> \frac{98.477,13}{\text{PU JAN 4}} = 1,00372$$

$$=> \text{PU JAN 4} = 98.112,15$$

Registro na BM & F Bovespa:

$\begin{cases} \text{C taxa} \\ \text{V PU} \end{cases}$ 500 contratos futuros de DDI JAN 4 a 98.112,15

$\begin{cases} \text{V taxa} \\ \text{C PU} \end{cases}$ $500 \times \frac{98.112,15}{98.477,13} =$ 498 contratos futuros de DDI OUT 3 a 98.477,13

7.2 Especulação

O investidor (especulador) que acredita em uma abertura do cupom cambial limpo abre sua posição comprando contratos de FRA; desse modo, se sua previsão se confirmar, ele terá um ganho financeiro, mas se o cupom cambial vier a fechar, ele terá uma perda. Já o investidor (especulador) que, ao contrário, aposta no fechamento do cupom cambial limpo abre sua posição vendendo contratos de FRA. Nesse caso, se o cupom cambial diminuir, ele terá um ganho financeiro, mas se o cupom cambial aumentar, ele terá uma perda.

Cupom $\uparrow \Rightarrow$ C FRA
Cupom $\downarrow \Rightarrow$ V FRA

No exemplo a seguir, mostramos os detalhes de uma operação especulativa nesse mercado, incluindo toda a movimentação financeira, mas sem considerar os custos envolvidos e as margens de garantia, o que já foi mostrado no capítulo anterior.

Exemplo 7.2

No dia 10/9/2003, um especulador compra 500 contratos de FRA JAN 4 a 1,44%. Detalhe o movimento financeiro dos pregões de 10/9, 11/9 e 12/9/2003.
Dados:

Data	FRA JAN 4	Dólar Ptax	DI-over	DDI OUT 3	DDI JAN 4
9/9		2,9306			
10/9	1,44%	2,9125	0,0780%	98.477,13	98.111,04
11/9	1,45%	2,8991	0,0780%	99.856,32	99.484,75
12/9	1,23%			99.979,95	99.662,03

No Exemplo 7.1 já foi mostrado como essa operação seria registrada na B3:

$$\begin{cases} \text{C taxa} \\ \text{V PU} \quad \text{500 contratos futuros de DDI JAN 4 a 98.112,15} \end{cases}$$

$$\begin{cases} \text{V taxa} \\ \text{C PU} \quad \text{498 contratos futuros de DDI OUT 3 a 98.477,13} \end{cases}$$

Pregão de 10/9/2003

Liquidação financeira em D+1

Ajustes diários:

DDI JAN 4: (98.112,15 − 98.111,04) × US$ 0,5 × R$ 2,9306 × 500 = R$ 813,24

DDI OUT 3: (98.477,13 − 98.477,13) × US$ 0,5 × R$ 2,9306 × 498 = R$ 0

Líquido = R$ 813,24

Pregão de 11/9/2003

Liquidação financeira em D+1

Preços de ajuste corrigidos:

$$\text{DDI JAN 4: } 98.111{,}04 \frac{1{,}000780}{\frac{2{,}9125}{2{,}9306}} = 98.797{,}76$$

$$\text{DDI OUT 3: } 98.477{,}13 \frac{1{,}000780}{\frac{2{,}9125}{2{,}9306}} = 99.166{,}41$$

Ajustes diários:

DDI JAN 4: (98.797,76 − 99.484,75) × US$ 0,5 × R$ 2,9125 × 500 = (R$ 500.214,59)

DDI OUT 3: (99.856,32 − 99.166,41) × US$ 0,5 × R$ 2,9125 × 498 = R$ 500.331,35

Líquido = R$ 116,76

Pregão de 12/9/2003

Liquidação financeira em D+1

Preços de ajuste corrigidos:

$$\text{DDI JAN 4} = 99.484{,}75 \frac{1{,}000780}{\frac{2{,}8991}{2{,}9125}} = 100.022{,}54$$

$$\text{DDDI OUT 3} = 99.856{,}32 \frac{1{,}000780}{\frac{2{,}8991}{2{,}9125}} = 100.396{,}12$$

Ajustes diários:

DDI JAN 4: (100.022,54 − 99.662,03) × US$ 0,5 × R$ 2,8991 × 500 = R$ 261.288,63

DDI OUT 3: (99.979,95 − 100.396,12) × US$ 0,5 × R$ 2,8991 × 498 = (R$ 300.423,09)

Líquido = (R$ 39.134,46)

Portanto, a operação até 12/9/2003 está dando prejuízo para o especulador. Ao contrário do que ele esperava, a cotação do FRA caiu de 1,44% para 1,23%. A perda acumulada na operação é a soma dos ajustes diários:

10/9 = R$ 813,24

11/9 = R$ 116,76

12/9 = (R$ 39.134,46)

(R$ 38.204,46)

7.3 *Hedge*

A operação estruturada de FRA, assim como o mercado futuro de DDI, é utilizada por empresas, investidores e instituições financeiras que desejam se proteger das oscilações do cupom cambial. Se o agente econômico possui ativo indexado ao dólar e passivo corrigido pelo CDI, ele corre o risco de o dólar cair e de o CDI subir, ou seja, de uma abertura do cupom cambial. Ele abre posição comprando contratos de FRA, de forma que sejam compensadas eventuais perdas com a abertura do cupom cambial, obtendo ganho financeiro no mercado futuro. Já se a empresa ou a instituição financeira possuir aplicação em dólar a uma taxa fixa, ela estará correndo o risco de abertura do cupom cambial. Então, abrindo uma posição comprando contratos de FRA, ela conseguirá que a aplicação em dólar acompanhe o cupom efetivo do período. Em outra situação, se o agente econômico possuir ativo indexado ao CDI e dívida em dólar, ele estará correndo o risco de o CDI cair e de o dólar subir, ou seja, de um fechamento do cupom cambial. Nesse caso, ele abre posição vendendo contratos de FRA, de forma que sejam compensadas eventuais perdas com o fechamento do cupom cambial, obtendo ganho financeiro no mercado futuro.

Exemplo 7.3

Suponha que uma instituição financeira possua US$ 20.000.000 aplicados em notas de tesouro nacional – série D (NTN-D) – título público cambial – em 10/9/2003 e queira se proteger da abertura de cupom cambial limpo no período de 1º/10/2003 a 2/1/2004. Em 10/9/2003, o cupom cambial limpo projetado para o período era de 1,44% ao ano. Apure o resultado final em 2/1/2004, supondo que o cupom cambial limpo de 1º/10/2003 a 2/1/2004 tenha sido de 2% ao ano e que o cupom cambial sujo de 10/9 a 1º/10/2003 tenha sido de 15% ao ano.

Dados em 10/9/2003

PU DDI OUT 3 = 98.477,13

PU DDI JAN 4 = 98.112,15

$$\text{Dias corridos}\begin{cases}10/9/2003 \text{ a } 2/1/2004 = 114\\ 10/9 \text{ a } 1^{\underline{o}}/10/2003 = 21\end{cases}$$

Solução:

$$\text{Cupom cambial sujo JAN 4} = \left\{\left(\frac{100.000}{98.112{,}15}\right) - 1 \times\right\}\frac{360}{114} = 6{,}08\% \text{ ao ano}$$

$$\text{OUT 3} = \left\{\left(\frac{100.000}{98.477{,}13}\right) - 1 \times\right\}\frac{360}{21} = 26{,}51\% \text{ ao ano}$$

Como já vimos, $\left\{\frac{98.477{,}13}{98.112{,}15} - 1\right\}\frac{360}{114 - 21} = 1{,}44\%$ ao ano, o cupom cambial limpo projetado para o período de 1º/10/2003 a 2/1/2004.

Registro do *hedge* em 10/9/2003 na B3

$$\begin{cases}\text{C taxa} & \dfrac{\text{US\$ 20 MI}\left[1 + \left(0{,}0608 \times \dfrac{114}{360}\right)\right]}{\text{US\$ 50.000}}\\ \text{V PU} & = 408 \text{ contratos futuros de DDI JAN 4}\\ \text{V taxa} & \dfrac{\text{US\$ 20 MI}\left[1 + \left(0{,}2651 \times \dfrac{21}{360}\right)\right]}{\text{US\$ 50.000}}\\ \text{C PU} & = 406 \text{ contratos futuros de DDI OUT 3}\end{cases}$$

O registro do *hedge* em 10/9/2003 na B3 seria o resultado da compra de 408 contratos de FRA JAN 4 para proteger a posição do risco de abertura do cupom cambial.

Resultado final:

$$\text{Recebimento do ativo} = \text{US\$ 20 MI}\left[1 + \left(0{,}0144 \times \frac{93}{360}\right)\right]$$

$$= \text{US\$ } 20.074.400$$

$$\text{Ganho DDI FUT OUT 3} = \left\{100.000 - \left[98.477,13\left(1 + \left(0,15 \times \frac{21}{360}\right)\right)\right]\right\} \times$$
$$\times\ 0,5 \times 406 = \text{US\$ } 134.223$$

Calculando-se o cupom cambial sujo de 10/9/2003 a 2/1/2004, tem-se:

$$\left\{\left[\left(0,02 \times \frac{93}{360}\right) + 1\right] \times \left[\left(0,15 \times \frac{21}{360}\right) + 1\right] - 1\right\} \times \frac{360}{114} = 4,41\% \text{ ao ano}$$

= cupom cambial sujo 10/9/2003 a 2/1/2004

Perda DDI FUT JAN 4

$$\left\{\left[98.112,15 \times \left(1 + \left(0,0441 \times \frac{114}{360}\right)\right)\right] - 100.000\right\} \times 0,5 \times 408 =$$
= (US$ 105.614)

Resumo:

US$	20.074.400
US$	134.223
US$	(105.614)
US$	20.103.009 ≅ 2% ao ano

Portanto, a perda que a instituição financeira teve com a abertura do cupom cambial limpo de 1,44% para 2% ao ano foi compensada por ganho financeiro no FRA. Assim, sua aplicação em NTN-D acompanhou o cupom cambial limpo, rendendo aproximadamente 2% no período.

7.4 Operação estruturada para sintetizar a compra e a venda de dólar futuro com vencimento longo

A busca por operações de *hedge* cambial por empresas financeiras e não financeiras é constante no mercado de derivativos, especialmente em razão da integração cada vez maior dos mercados internacionais, o que permite aplicar recursos ou obter financiamentos em moeda estrangeira, principalmente em dólar. No Brasil, existe alta liquidez do contrato futuro de dólar da B3 nos dois primeiros vencimentos, mas baixa liquidez para os vencimentos mais distantes. Assim, para os agentes econômicos que precisam realizar *hedge* do risco cambial para prazos mais longos, resta a alternativa de operar os contratos futuros de dólar com prazos curtos e fazer a rolagem de posições. Por outro lado, as operações estruturadas de *forward rate agreement* (FRA) de cupom cambial (FRA de cupom, FRC) e o mercado futuro de DI possuem liquidez para vencimentos bem mais distantes, chegando a um, dois e até mais anos da data atual.

Na Resenha da BM&F n. 176, março/maio de 2008, publiquei, com Maria Paula Vieira Cicogna, um artigo que propõe uma operação estruturada de *hedge* cambial, pela combinação de FRA de cupom e do mercado futuro de DI de um dia, juntamente com o dólar futuro de vencimento curto, que, juntos, sintetizam uma operação de compra ou de venda de dólar futuro com vencimento longo, eliminando o risco de rolagem de posições e reduzindo custos.

A operação de compra de dólar com vencimento longo pode ser feita por:

- venda de FRA, que implica venda de DDI longo e compra de DDI curto;
- compra de DI futuro (longo);
- compra de dólar futuro (curto).

A operação de venda de dólar com vencimento longo pode ser feita por:

- compra de FRA, que implica compra de DDI longo e venda de DDI curto;
- venda de DI futuro (longo);
- venda de dólar futuro (curto).

Para verificar os resultados da operação estruturada, apresentamos duas estratégias: a primeira para um importador que está no final de 2007 e deseja proteger-se do risco de eventual alta do dólar em 2008, já que deverá quitar uma dívida em dólar no final desse ano, e a segunda para uma empresa exportadora que fechou contrato no início de 2007 e deseja proteger-se de queda do dólar até final do mesmo ano, quando receberá seu pagamento.

Estratégia 1: compra de dólar futuro

O *hedge* de compra de dólar futuro é realizado por empresas que buscam proteção de alta do dólar (desvalorização do real), em geral por possuírem dívidas (passivo) atreladas a essa moeda. Como exemplo, considere um importador que, em 3/12/2007, contraiu dívida de US$10.000.000 para pagamento em 31/12/2008. O número de dias úteis do período é 274.

A estratégia para sintetizar a compra de dólar futuro é:

- venda de FRA F091, vencimento em 2/1/2009;
- compra de DI futuro, vencimento em 2/1/2009;
- compra de dólar futuro, vencimento 2/1/2008.

Dados:

Dólar à vista em 3/12/2007 = R$ 1,7870/dólar
Dólar Ptax em 2/12/2007 = R$ 1,7837/dólar
FRA F09 (vencimento em janeiro/2009) = 6,20% ao ano
DI futuro F09 (vencimento em janeiro/2009) = 11,63% ao ano; PU = 88.725,35 pontos
DDI futuro F09 (vencimento em janeiro/2009); PU = 93.924,94 pontos
DDI futuro F08 (vencimento em janeiro/2008); PU = 99.847,73 pontos
Dólar futuro F08 (vencimento em janeiro/2008) = R$ 1,7910/dólar

Para sintetizar a compra de dólar futuro, em 3/12/2007, o importador deve fazer as operações descritas a seguir:

– Vender FRA F09 a 6,2% ao ano

Quantidade de contratos = US$ 10.000.000 ÷ US$ 50.000 = 200

As operações registradas automaticamente pela B3 são:

– venda de 200 contratos DDI F09, equivalente a comprar PU (preço unitário) a 93.924,94 pontos;
– compra de contratos DDI F08 (vencimento mais curto na data da operação), o que equivale a vender PU a 99.847,73 pontos.

Quantidade de contratos = 200 × (93.924,94 ÷ 99.847,73) = 188

– Comprar taxa de DI F09 a 11,63% ao ano, equivalente a vender PU a 88.725,35 pontos.

Quantidade de contratos = (US$10.000.000 × R$1,787) ÷ 88.725,35 = 201

– Comprar 188 contratos de dólar futuro F08 a R$ 1,791/dólar

Com as operações mencionadas, o dólar travado com a compra sintética de dólar futuro é:

Dólar travado = R$ 1,7837 × (93.924,94 ÷ 88.725,35) = R$ 1,8882

Resultados parciais

Em 2/1/2008:

CDI efetivo entre 3/12/2007 e 2/1/2008 = 0,84%;
Dólar Ptax em 31/12/2007 = R$ 1,7713/dólar.

Logo, os contratos DDI F08 resultaram ganho de R$ 231.655,71:

DDI F08 = [(99.847,73 × 1,0084) ÷ (R$ 1,7713 ÷ R$ 1,7837) – 100.000] × US$ 0,50 × R$ 1,7713 × 188 = R$ 231.655,71

A compra de dólar futuro F08 gerou perda de R$ 185.180,00:

Dólar F08 = (R$ 1,7713 – R$ 1,791) × US$ 50.000 × 188 = (R$ 185.180,00)

Em 2/1/2009 (dados supostos):

CDI efetivo entre 3/12/2007 e 2/1/2009 = 12%;
Dólar Ptax em 31/12/2008 = R$ 2,00/dólar.

Nessa data, ocorreu o pagamento da importação no valor de:

US$ 10.000.000 × R$ 2,00 = (R$ 20.000.000)

Os contratos de DDI F09 tiveram resultado positivo de R$ 1.236.201,47:

DDI F09 = [100.000 – (93.924,94 × 1,12) ÷ (R$ 2,00 ÷ R$ 1,7837)] × US$ 0,50 × R$ 2,00 × 200 = R$ 1.236.201,47.

Por fim, os contratos de DI utilizados resultaram perda de R$ 126.149,21:

DI F09 = [(88.725,35 × R$ 1,12) –100.000] × R$ 1,00 × 201 = (R$ 126.149,21)

Resultado final

O resultado obtido com os diferentes contratos envolvidos na estratégia de compra sintética de dólar futuro foi R$ 18.843.472,03, valor pago pela dívida de US$ 10.000.000 com o dólar fixado no início da operação, provenientes de:

Pagamento da dívida em dólar	(R$ 20.000.000,00)
DDI F08	R$ 231.655,71
Dólar Futuro F08	(R$ 185.180,00)
DDI F09	R$ 1.236.201,47
DI F09	(R$ 126.149,21)
Total	(R$ 18.843.472,03)

O dólar obtido com a operação foi igual a R$18.843.472,03 ÷ US$10.000.000 = R$ 1,88435, resultado bastante próximo a R$1,8882, que foi o dólar fixado pelo importador em 31/12/2007. A pequena diferença se deve aos arredondamentos feitos.

Estratégia 2: venda de dólar futuro

A venda de dólar futuro é feita por aqueles que precisam se proteger da queda da taxa de câmbio reais/dólar (valorização do real). Em geral, esse tipo de *hedge* é realizado por empresas que possuem ativos atrelados ao dólar. Considere uma exportadora que tenha fechado contrato em 2/1/2007 para recebimento de US$ 20.000.000,00 em 31/12/2007. Visando proteger-se do risco de queda da cotação do dólar, a empresa montou a seguinte operação estruturada para sintetizar a venda de dólar futuro:

- compra de FRA F08 – vencimento em 2/1/2008;
- venda de DI F08 – vencimento em 2/1/2008;
- venda de dólar futuro G07 – vencimento em 1º/2/2007.

Dados:

Dólar à vista em 2/1/2007 = R$2,1320/dólar
Dólar Ptax em 29/12/2006 = R$2,1372/dólar
FRA F08 (vencimento em janeiro/2008) = 5,35% ao ano
DI futuro F08 (vencimento em janeiro/2008) = 12,331% ao ano; PU = 89.104,82
DDI futuro F08 (vencimento em janeiro/2008); PU = 94.499,02 pontos
DDI futuro G07 (vencimento em fevereiro/2007); PU = 99.133,41 pontos
Dólar futuro G07 (vencimento em fevereiro/2007) = R$ 2,14508/dólar

Para garantir a taxa de câmbio reais/dólar que receberá em 31/12/2007, a empresa faz as seguintes operações em 2/1/2007:

- Compra FRA F08 a 5,35% ao ano

Dado o montante a receber de US$ 20.000.000, o número de contratos negociados na ponta longa é:

Quantidade de contratos = US$ 20.000.000 ÷ US$50.000 = 400

A B3 registra automaticamente essa operação da seguinte forma:

- compra de 400 contratos DDI F08 a 5,8212% ao ano, ou venda de PU a 94.499,02 pontos;
- venda de DDI G07, vencimento mais próximo (1/2/2007) na data da operação, a 10,4899% ao ano, ou compra de PU a 99.133,41 pontos. A quantidade de contratos da ponta curta é:

Quantidade de contratos = 400 × (94.499,02 ÷ 99.133,41) = 381

Venda de taxa DI F08 a 12,331% ao ano, o que equivale a comprar PU a 89.104,82 pontos

No mercado futuro de DI, com o mesmo vencimento da ponta longa do FRA, foram negociados:

Quantidade de contratos = (US$ 20.000.000 × R$ 2,132) ÷ 89.104,82 = 479 contratos

Venda de 381 contratos de dólar futuro G07 a R$2,14508/dólar
Feitas as operações mencionadas, o dólar futuro fixado para janeiro de 2008 é:

R$ 2,1372 × (94.499,02 ÷ 89.104,82) = R$ 2,2667

Resultados parciais

Em 1º/2/2007, venceram a ponta curta do FRA (DDI G07) e o contrato futuro de dólar. Os dados à vista desse dia foram:

CDI efetivo entre 2/1 e 1º/2/2007 = 1,078399%;
Dólar Ptax em 31/1/2007 = R$ 2,1239/dólar.

Com o DDI G07, a empresa teve perda de R$ 335.795,36:

DDI G07 = [100.000 − 99.133,41 × (1,01078399 ÷ (R$ 2,1239 ÷ R$ 2,1372))] × US$ 0,50× R$ 2,1239 × 381 = (R$ 335.795,36)

O dólar futuro G07 resultou um ganho de R$ 403.479,00, correspondente a:

Dólar G07 = (R$ 2,14508 − R$ 2,12390) × 50.000 × 381 = R$ 403.479,00

Em 2/1/2008, os dados à vista divulgados foram:

CDI efetivo entre 2/1/2007 e 2/1/2008 = 11,8158%;
Dólar Ptax em 31/12/2007 = R$ 1,7705/dólar.

Com o vencimento do DDI F08, houve ganho de R$ 9.755.377,17:

DDI F08 = [94.499,02 × (1,118158 ÷ (R$ 1,7705 ÷ R$ 2,1372)) − 100.000] × US$ 0,50 × R$ 1,7705 × 400 = R$ 9.755.377,17

Os contratos futuros de DI F08 com vencimento na mesma data também tiveram resultado positivo; nesse caso, de R$175.664,95:

DI F08 = [100.000,00 − 89.104,82 × 1,1181580] × R$ 1,00 × 479 = R$ 175.664,95

Resultado final

Ao término do período, quando a empresa recebeu US$ 20.000.000 à cotação de R$1,7705, o resultado da operação foi:

Recebimento da exportação	R$ 35.410.000,00
DDI G07	(R$ 335.795,36)
Dólar futuro G07	R$ 403.479,00
DDI F08	R$ 9.755.377,17
DI F08	R$ 175.664,95
Total	R$ 45.408.725,76

Portanto, o dólar futuro resultante foi R$ 45.408.725,76 ÷ US$ 20.000.000 = R$ 2,2704. Novamente, o resultado da operação mostrou que o dólar fixado no início, de R$2,2667/dólar, foi muito próximo ao obtido, indicando que esta é uma boa estratégia de *hedge* para futuro de dólar de longo prazo. A pequena diferença se deve aos arredondamentos feitos.

7.5 Exercícios propostos

7.1 Um investidor vendeu 300 contratos de FRA JAN 4 a 1,45% ao ano no dia 11/9/2003. Como seria registrada a operação na B3?

Dados:

Dias corridos de 11/9 a 1/10/2003 = 20

Dias corridos de 11/9/2003 a 2/1/2004 = 113

Ajuste do DDI futuro OUT 3 em 11/9/2003 = 99.856,32.

7.2 No exercício anterior, mostre o resultado financeiro dos pregões de 11/9/2003 e de 12/9/2003.

Dados:

Data	FRA JAN 4	Dólar Ptax	DI-over	DDI OUT 3	DDI JAN 4
10/9		2,9125			
11/9	1,45%	2,8991	0,0780%	99.856,32	99.484,75
12/9	1,23%		0,0780%	99.979,95	99.662,03

7.3 Mostre como seria registrado na B3 o *hedge* no mercado futuro de FRA em 11/9/2003 para uma posição em NTN-D de US$ 50.000.000 contra o risco de abertura do cupom cambial limpo no período 1/10/2003 a 2/1/2004. Utilize os dados do Exercício 7.2.

7.4 Em 2002, vários fundos cambiais não conseguiram acompanhar a forte alta do dólar ocorrida. Explique o motivo.

Mercado futuro de Ibovespa

capítulo 8

8.1 Introdução

No mercado futuro de Ibovespa, negocia-se o índice Ibovespa de ações da B3. Ibovespa é o principal indicador do desempenho médio das ações no mercado brasileiro, representando o valor atual, em moeda corrente, de uma carteira teórica de ações, a partir de uma aplicação hipotética. A carteira teórica do índice é integrada pelas ações que, em conjunto, correspondem a cerca de 80% do número de negócios e do volume financeiro na Bolsa. A participação de cada ação na carteira tem relação direta com o valor de mercado do *free float* (ações que se encontram em circulação).

Os contratos são cotados em pontos do índice, em que cada ponto equivale ao valor em reais estabelecido pela Bolsa, atualmente R$ 1,00 no contrato normal e R$ 0,20 no minicontrato. O vencimento e o último dia de negociação dos contratos ocorrem na quarta-feira mais próxima do dia 15 dos meses pares. As posições em aberto ao final de cada pregão são ajustadas com base no preço de ajuste do dia com movimentação financeira em D+1, e o procedimento para operar nesse mercado é semelhante ao dos demais mercados futuros.

Os participantes desse mercado são especuladores, *hedgers* e arbitradores. Os especuladores atuam comprando contratos, caso acreditem em elevação do índice, e vendendo, caso achem que a Bolsa irá cair. Os *hedgers* buscam se proteger das oscilações da Bolsa; contudo, para que haja eficiência, é necessário identificar a relação que existe entre o Ibovespa e a carteira de ações que se quer proteger. O coeficiente que traduz essa relação é conhecido como coeficiente beta (β): quando o beta da carteira de ações é maior que 1, diz-se que ela é agressiva, pois, na média, oscila mais que o Ibovespa; quando o beta é igual ou próximo de 1, diz-se que é neutra; quando o beta é menor que 1, a carteira de ações é classificada como defensiva. Os arbitradores procuram explorar as diferenças entre a cotação do Ibovespa futuro no mercado e sua cotação teórica para obter ganhos financeiros.

8.2 Especulação

Exemplo 8.1

Suponha que, em 11/3/2019, um investidor, apostando em uma queda do Ibovespa, tenha vendido 20 minicontratos J19 a 97.540 pontos. A cotação de ajuste do dia foi de 98.449 pontos. Em D+1, ocorreu a seguinte movimentação financeira referente ao ajuste diário:

Débito de ajuste: (97.540 − 98.449) × R$ 0,20 × 20 = (R$ 3.636,00)

Em 12/3/2019, o valor do ajuste foi 98.321 pontos, e os resultados apurados, com movimentação financeira em D+1, foram:

Crédito de ajuste: (98.449 − 98.321) × R$ 0,20 × 20 = R$ 512,00

Em 13/3/2019, o investidor decidiu fechar posição comprando 20 minicontratos J19 a 99.150 pontos. A movimentação financeira em D+1 do ajuste diário foi:

Débito de ajuste: (98.321 − 99.150) × R$ 0,20 × 20 = (R$ 3.316,00)

O investidor terminou perdendo R$ 6.440,00, pois sua expectativa de queda da Bolsa não se confirmou: o Ibovespa subiu no período da operação.

8.3 *Hedge*

As operações de *hedge* com Ibovespa futuro costumam ser feitas por investidores que possuem ações e temem uma queda da Bolsa. Eles abrem posição vendendo contratos futuros, de forma que seja compensada eventual perda com a desvalorização da carteira de ações com um ganho financeiro no *hedge*.

As operações de *hedge* nesse mercado também podem ser feitas por investidores que pretendam comprar ações no futuro, quando os recursos para tal estarão disponíveis. Nesse caso, os investidores correm o risco de haver uma alta da Bolsa, o que os levará a comprar menor quantidade de ações com os recursos existentes. Para se proteger, eles devem abrir posição comprando Ibovespa futuro, de forma que seja compensada eventual perda com a elevação das cotações com um ganho financeiro no *hedge*.

Nessas operações de *hedge*, para assegurar uma proteção mais efetiva, o investidor deve obter uma estimativa do beta da carteira. Na prática, essa estimativa é feita por meio de uma regressão linear simples, considerando os retornos históricos da carteira como a variável dependente e os retornos históricos do Ibovespa à vista como a variável independente.

O Ibovespa futuro é o derivativo do Ibovespa à vista, ou seja, tem seu comportamento derivado do comportamento do Ibovespa à vista. Assim, se a carteira de ações que se quer proteger é agressiva ($\beta > 1$), o número de contratos de Ibovespa futuro deve ser maior do que quando a carteira de ações é neutra ($\beta = 1$), e, por sua vez, deve ser maior do que quando ela é defensiva ($\beta < 1$). A lógica é simples: se a carteira é agressiva, ela vai oscilar mais que a Bolsa e, portanto, o número de contratos para protegê-la deve ser maior que o de uma carteira neutra, que varia como a Bolsa, e maior ainda que o de uma carteira defensiva, que oscila menos que a Bolsa. A fórmula do número de contratos é:

$$N = \frac{V \times \beta}{i \times R\$\,P}$$

V = Valor da carteira de ações na data zero
β = Beta da carteira
i = Ibovespa à vista na data zero[1]
R$ P = Valor do ponto

Exemplo 8.2

Suponha que, em 11/3/2019, um investidor possuísse uma carteira de ações de R$ 10.000.000 com $\beta = 0{,}8$ e, temendo uma queda da Bolsa, tenha decidido fazer um *hedge* no mercado futuro de Ibovespa, utilizando o contrato normal. O Ibovespa à vista estava cotado a 98.026 pontos e o Ibovespa futuro J19, a 98.600 pontos.

Hedge em 11/8/2019:

$$\text{Vende } N = \frac{10.000.000 \times 0{,}8}{98.026 \times R\$\,1{,}00} = 82$$ contratos futuros de Ibovespa FUT J19 a 98.600 pontos

Suponha que tenha ocorrido a seguinte variação no Ibovespa:

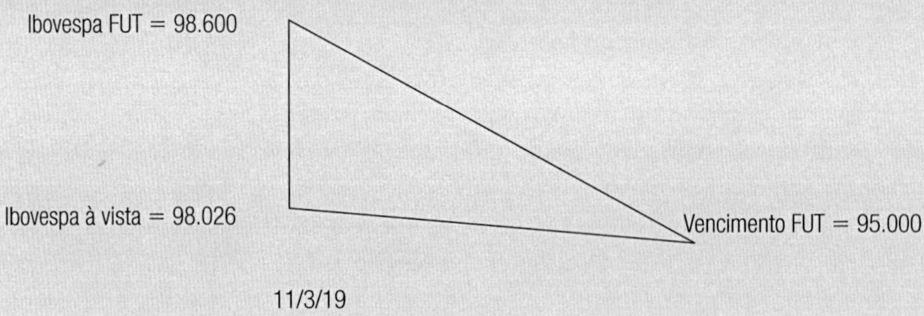

Figura 8.1 Variações da carteira de ações na Ibovespa.

No período, o Ibovespa à vista apresentou uma queda de:

[1] Alguns investidores trabalham no denominador com o Ibovespa futuro na data zero.

$$\frac{95.000}{98.026} - 1 = -3{,}09\%,$$

enquanto a carteira do investidor teve uma queda provável (pois β pode mudar) de:

$$-3{,}09\% \times 0{,}8 = -2{,}472\%$$

Resultado da operação
Valor da carteira:

$$\text{R\$ } 10.000.000{,}00 \times (1 - 0{,}02472) = \text{R\$ } 9.752.800{,}00$$

Ganho no *hedge*:

$$(98.600 - 95.000) \times \text{R\$ } 1{,}00 \times 82 = \text{R\$ } 295.200{,}00$$

Total:

$$\text{R\$ } 10.048.000{,}00$$

Taxa obtida para o período:

$$\frac{10.048.000}{10.000.000} - 1 = 0{,}48\%$$

A taxa obtida para o período (0,48%) foi, aproximadamente, a taxa embutida na relação IBOV FUT/IBOV à vista vezes o beta. A taxa da relação IBOV FUT/IBOV à vista tende a ser o CDI projetado até o vencimento do IBOV FUT, de forma que não se permita arbitragem, conforme veremos a seguir.

$$\left[\frac{98.600}{98.026} - 1\right] \times 0{,}8 = 0{,}47\%$$

8.4 Arbitragem

A possibilidade de arbitragem no mercado futuro Ibovespa ocorre quando surge uma diferença entre o Ibovespa futuro teórico e o Ibovespa futuro negociado no mercado. Esse Ibovespa futuro teórico é definido pela seguinte equação:

$$\text{IBOV}_{\text{futuro teórico}} = \text{IBOV}_{\text{à vista}} (1 + \text{CDI}_{\text{projetado até o vencimento do IBOV FUT}})$$

Dessa forma, existem dois momentos em que é possível arbitrar no mercado futuro Ibovespa. O primeiro é quando o Ibovespa negociado no mercado futuro é maior que o Ibovespa teórico. Nesse momento, temos a seguinte possibilidade de arbitragem:

- tomar emprestado à taxa do CDI;
- comprar ações à vista;
- vender Ibovespa futuro.

Na Figura 8.2 temos um exemplo hipotético dessa primeira operação de arbitragem:

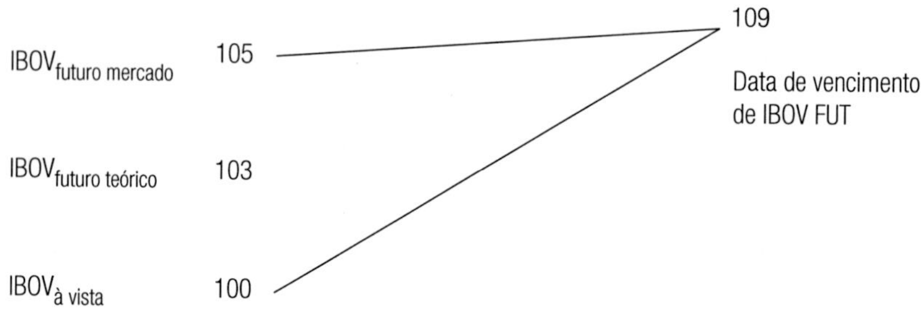

Figura 8.2 Exemplo da 1ª operação de arbitragem.

O resultado da operação é:

- Ganho nas ações = 9
- Perda no IBOV FUT = (4)
- Custo do empréstimo = (3)
- Lucro = 2

Observe que o lucro da operação corresponde exatamente à diferença que existe na data zero entre o Ibovespa futuro teórico e o de mercado.

O segundo momento que permite arbitragem é quando o Ibovespa negociado no mercado futuro é menor que o Ibovespa teórico. Nesse caso, temos que:

- Vender ações à vista.
- Aplicar à taxa do CDI.
- Comprar Ibovespa futuro.

Apresentamos, na Figura 8.3, a seguir, um exemplo hipotético dessa segunda operação de arbitragem:

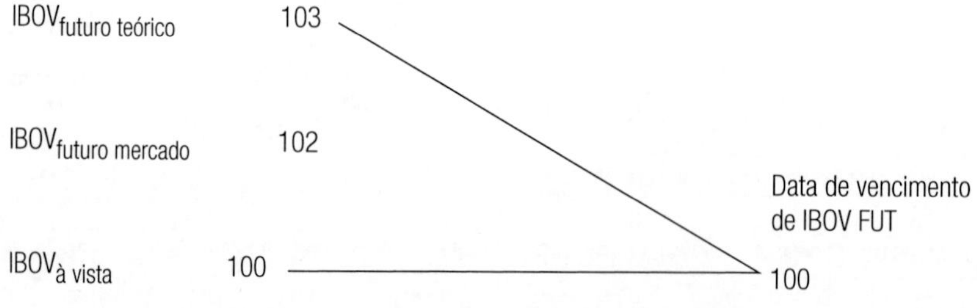

Figura 8.3 Exemplo da 2ª operação de arbitragem.

O resultado da operação é:

- Ganho nas ações = 0
- Perda no IBOV FUT = (2)
- Ganho na renda fixa = 3
- Lucro = 1

Como no exemplo anterior, o lucro da operação corresponde exatamente à diferença que existe na data zero entre o Ibovespa futuro teórico e o de mercado. Essa operação de arbitragem, embora possível e até comum no passado, hoje dificilmente consegue ser feita. Para fazê-la, o investidor teria de comprar ou vender todas as ações que faziam parte do Ibovespa à vista, considerando seus respectivos pesos no índice para que a operação ficasse livre de risco, o que, na prática, era impossível – o investidor acabava comprando ou vendendo algumas ações com maior peso no Ibovespa. Hoje, com o advento dos Fundos de Índices, conhecidos como ETF (*exchange-traded funds*), o investidor passou a poder negociar todas as ações componentes do índice a ele relacionado sem ter de comprar ou vender individualmente cada ação, tornando mais fácil a montagem dessa operação de arbitragem e, com isso, fazendo que as oportunidades dificilmente surjam.

8.5 Exercícios resolvidos

8.5.1 No dia 11/3/2019, um investidor comprou 25 contratos normais de Ibovespa futuro OJ19 a 97.500 pontos e fechou a posição em 13/3/2019 a 99.150 pontos. Qual o lucro/prejuízo da operação? Desconsidere as taxas operacionais. Detalhe os ajustes diários.

Dados de ajustes:

- Pregão de 11/3/2019 = 98.449 pontos
- Pregão de 12/3/2019 = 98.321 pontos

Pregão de 11/3/2019:

LF em D+1
Crédito de ajuste = (98.449 − 97.500) × R$ 1 × 25 = R$ 23.725,00

Pregão de 12/3/2019:

LF em D+1
Débito de ajuste = (98.321 − 98.449) × R$ 1 × 25 = (R$ 3.200,00)

Pregão de 13/3/2019:

LF em D+1
Crédito de ajuste = (99.150 − 98.321) × R$ 1 × 25 = R$ 20.725,00
Resultado final: R$ 41.250,00

O investidor teve um lucro de R$ 41.250,00 na operação.

8.5.2 Um investidor que possui uma carteira de ações de R$ 5.000.000 com $\beta = 1{,}3$ efetuou um *hedge* em 13/3/2019 no mercado futuro de Ibovespa a 99.150 pontos, prevendo uma possível queda de suas ações na Bolsa de Valores. Sua posição só será fechada em abril, na data do vencimento. Suponha que, em 17/4/2019 (data de vencimento), o Ibovespa à vista esteja cotado a 96.500 pontos. Calcule o resultado da operação. Despreze os custos operacionais.

Em 13/3/2019, temos:

Ibovespa à vista 98.903 pontos Diferença percentual: 0,25%

Ibovespa futuro 99.150 pontos

$$\text{N}^{\underline{o}}\text{ de contratos (venda): } \frac{5.000.000,00}{98.903 \times 1,00} \times 1,3 = 66 \text{ contratos IBOV FUT J19 a 99.150 pontos}$$

Queda da Bolsa: (96.500 − 98.903) ÷ 98.903 =	–2,43%
Queda da carteira = 1,3 × queda da Bolsa =	–3,159%
Valor da carteira em 17/4/2019 =	R$ 4.842.050,00
Ganho *hedge*: (99.150 − 96.500) × R$ 1 × 66 =	R$ 174.900,00
Total:	R$ 5.016.950,00

Taxa obtida no período: 0,339%

Essa taxa é aproximadamente a diferença percentual entre as taxas Ibovespa futuro (99.150) e Ibovespa à vista (98.903), multiplicada pelo β da carteira.

8.6 Exercícios propostos

8.1 Em 12/3/2019, um especulador, apostando na alta do Ibovespa, comprou cinco minicontratos de Ibovespa futuro a 98.240 pontos. O fechamento da posição deu-se em 13/3/2019 a 99.375 pontos. Qual o resultado financeiro da operação? Despreze os custos operacionais.

8.2 Em 12/3/2019, um investidor que possui uma carteira de ações de R$ 15.000.000 com beta = 1,2 acha que a Bolsa vai cair, mas não quer se desfazer das ações. Para se proteger, ele faz um *hedge* no final do pregão, com o contrato futuro J19. Supondo que na data de vencimento do futuro (17/4/2019) o Ibovespa tenha caído para 94.600 pontos e a posição tenha se mantido, responda:

Qual o número de contratos que o investidor deve vender na operação?

Qual o ganho do *hedge* no período?

Qual a taxa de retorno obtida no período?

Dados:

Ibovespa à vista em 12/3/2019: 97.828 pontos

Ibovespa futuro em 12/3/2019: 98.405 pontos.

Hedge de mínima variância com contratos futuros

capítulo 9

9.1 Introdução

Em vários exemplos que mostramos nos capítulos anteriores, o contrato futuro tinha por base no mesmo ativo para o qual se estava fazendo *hedge*. No Capítulo 8 isso começou a mudar, quando precisamos fazer *hedge* de uma carteira de ações no contrato futuro de índice Bovespa. Uma carteira de ações tem, evidentemente, correlação com o índice Bovespa, mas seu comportamento não é necessariamente igual. Neste capítulo, essa discussão será aprofundada: mostraremos como deve ser feita, na prática, a operação de *hedge* com contratos futuros quando os dois ativos são diferentes, uma operação conhecida como *cross hedging*.

Empresas aéreas utilizam mercados futuros de petróleo ou de gasolina, pois não encontram mercados futuros de combustível de aviação. Produtores de milho e de soja e pecuaristas que comercializam seus produtos em outros locais que não os de formação dos preços dos contratos futuros da B3 não têm um mercado futuro que reflita exatamente os preços praticados nas suas praças. Da mesma forma, produtores de novilhos argentinos, na falta de um mercado futuro próprio desse ativo, utilizam o mercado futuro de boi gordo da B3. No mercado financeiro, fundos que investem em títulos do Tesouro de longo prazo podem recorrer ao mercado futuro de taxa de juros DI de um dia da B3 para fazer *hedge,* já que não existe um contrato futuro específico desses títulos com liquidez.

Uma operação de *hedge* com contratos futuros só é perfeita quando o contrato futuro possui as mesmas características físicas do ativo que se quer proteger. Podemos acrescentar também que o fato de a operação ter uma data de vencimento diferente da do contrato futuro impede, da mesma forma, a execução de uma operação de *hedge* perfeita. Portanto, quando os ativos forem diferentes e/ou as datas de vencimento não coincidirem, uma operação de *hedge* reduzirá o risco, mas não o eliminará totalmente. Ou seja, uma eventual perda no ativo que se quer proteger será compensada por um ganho no mercado futuro que pode ser um pouco maior ou um pouco menor que a perda. O que se busca é minimizar a variância da posição que se deseja proteger.

9.2 Razão de *hedge* de mínima variância e determinação do número de contratos

Para se determinar o número de contratos futuros que serão negociados na operação de *hedge*, é necessário, inicialmente, calcular a razão de *hedge* de mínima variância. A razão de *hedge* de mínima variância, h*, é obtida por meio da inclinação da reta de regressão linear dos retornos diários do ativo à vista contra os retornos diários do contrato futuro:

$$\Delta S(t) = \alpha + \beta \Delta F(t) + \epsilon(t)$$

Se os erros, $\epsilon(t)$, t = 1, 2, ..., têm média zero, variância constante, são independentes e não têm correlação com $\Delta F(t)$, o β estimado, que é a inclinação da reta de regressão, pode ser utilizado como a razão de *hedge* de mínima variância, h*.

A quantidade de contratos futuros que será utilizada na operação de *hedge* pode ser calculada pela seguinte fórmula:

$$N^* = h^* \frac{QA}{QF}$$

N*: número de contratos futuros

h* : razão de *hedge* de mínima variância

QA: tamanho da posição que será protegida

QF: tamanho de um contrato futuro

9.3 Exercícios resolvidos

9.3.1 Um fundo possui, na data zero, uma posição em NTN-B, títulos de longo prazo do Tesouro Nacional, no valor de R$ 3.379.261,96 e deseja se proteger contra o risco de aumento das taxas de juros. Como não existe um mercado futuro de NTN-B com liquidez, a operação de *hedge* pode ser feita com contratos futuros DI de um dia, negociados na B3. Como deve ser feita a operação no mercado futuro?

Dados históricos dos retornos da NTN-B e do contrato futuro

Retornos da NTN-B (ΔS)	Retornos do Contrato Futuro (ΔF)
−0,26%	0,55%
0,48%	−0,63%
0,37%	−1,37%
−0,34%	0,18%
0,50%	−1,02%
0,00%	0,65%
0,08%	−0,74%
0,03%	0%
0,65%	−1,68%
0,53%	−0,38%
0,28%	0,10%

(continua)

(continuação)

Retornos da NTN-B (ΔS)	Retornos do Contrato Futuro (ΔF)
−0,19%	0,19%
0,06%	−0,67%
0,11%	0,10%
0,30%	−0,19%
0,68%	−0,77%
0,47%	−0,68%
0,11%	0,58%
0,29%	0,10%
0,04%	−0,19%
0,25%	−0,97%
0,00%	0,59%
−0,12%	0,10%
−0,14%	1,16%
1,28%	−2,78%
0,04%	0%
0,79%	−0,49%
−0,18%	0,69%
−0,28%	−0,10%
0,09%	−0,79%
0,14%	−0,60%
−0,43%	1,20%
−0,49%	0,59%
0,09%	−0,88%
−0,07%	−0,20%
−0,23%	0,89%
−0,47%	0,88%
0,57%	−0,29%
0,67%	−0,29%
0,39%	−0,49%
−0,01%	0,20%
−0,32%	−0,30%
0,05%	0,59%
−0,14%	−0,49%
0,22%	−1,48%
0,45%	−1,50%
0,00%	0,81%
−0,24%	−0,40%
0,04%	−0,20%
0,07%	−0,30%
0,23%	−0,71%
−0,06%	0,10%
0,05%	0,51%
0,01%	0%
0,06%	0,51%
0,03%	−0,10%

(continua)

(continuação)

Retornos da NTN-B (ΔS)	Retornos do Contrato Futuro (ΔF)
0,14%	−1,01%
0,03%	−0,10%
−0,07%	−0,41%
0,00%	−0,21%

Utilizando a função INCLINAÇÃO do Excel, obtém-se o valor de −0,3119, indicando uma relação negativa entre as oscilações nas expectativas da taxa de juros futura embutidas no contrato futuro e o preço da NTN-B. Assim, quando as expectativas de taxas de juros futuros aumentam, a NTN-B se desvaloriza. O contrário acontece quando as expectativas de taxas de juros diminuem, valorizando a NTN-B.

Considerando que o PU do contrato futuro na data zero era de 44.330,23 pontos, o fundo deve fazer a seguinte operação de *hedge:*

Compra [(R$ 3.379.261,96 × 0,3119) / (44.330,23 × R$ 1)] = 24 contratos futuros

Observe que utilizamos sempre o módulo da razão de *hedge* obtida na regressão linear, de forma que não haja um número negativo de contratos, o que não faria sentido.

9.3.2 No exercício anterior, apure o resultado final da operação alguns meses depois, considerando que a posição em NTN-B tenha caído para R$ 3.172.039,69 com o aumento das expectativas de taxas de juros no mercado futuro. Considere também que o PU do mercado futuro tenha caído para 37.486,51 pontos e que a taxa do CDI no período tenha sido 1,66%.

Perda na posição de NTN-B = R$ 3.172.039,69 − R$ 3.379.261,96 = (R$ 207.222,27)

Ganho no mercado futuro = [(44.330,23 × 1,0166) − 37.486,51] × 24 × R$ 1 = R$ 181.910,44

Como foi dito no início do capítulo, esse tipo de *hedge* não é perfeito. A perda na posição acabou sendo um pouco maior que o ganho no mercado futuro, bem como o contrário poderia ter acontecido, com o ganho no mercado futuro sendo pouco maior que a perda na posição. O importante é que uma perda na posição de NTN-B com o aumento nas expectativas de taxas de juros foi razoavelmente evitada com o *hedge* de mínima variância.

9.4 Exercícios propostos

9.1 Um frigorífico pretende comprar 3.300 arrobas líquidas de boi gordo no final do mês de outubro de determinado ano. A inclinação da reta de regressão linear dos preços do boi gordo na região do frigorífico e dos preços do boi gordo Esalq/B3 (utilizado pela B3 na liquidação financeira dos contratos futuros de boi gordo) foi estimada em 0,9. Sabendo que o tamanho do contrato futuro de boi gordo da B3 é 330 arrobas com vencimento no último dia útil do mês de vencimento, como seria feita a operação de *hedge* na data zero?

9.2 Um produtor de soja pretende vender 9.000 sacas no final do mês de abril de determinado ano. A inclinação da reta de regressão linear dos preços da soja na região do produtor e dos preços da soja Esalq/B3 (utilizado pela B3 na liquidação financeira dos contratos futuros de soja) foi estimada em 0,95. Sabendo que o tamanho do contrato futuro de soja na B3 é 450 sacas com vencimento no segundo dia útil anterior ao mês do vencimento, como seria feita a operação de *hedge* na data zero?

9.3 Um fundo possui na data zero uma posição em NTN-B, títulos de longo prazo do Tesouro Nacional, no valor de R$ 13.586.766,70 e deseja se proteger contra o risco de aumento das taxas de juros. Como deve ser feita a operação de *hedge* no mercado futuro de DI de um dia da B3, considerando que a razão de *hedge* de mínima variância estimada foi de 0,3327 e que o PU do contrato futuro era 44.592,32 pontos?

9.4 No exercício anterior, qual seria o resultado final alguns meses depois, considerando que o valor da posição tenha caído para R$ 12.972.192,84 com o aumento das taxas de juros e que o PU do contrato futuro tenha caído para 39.987,24 pontos? Considere que no período a taxa de juros do CDI tenha sido de 1,09%.

Conceitos básicos de opções

capítulo 10

10.1 Introdução

As opções são instrumentos derivativos bastante utilizados em diversas operações nos mercados de ações e por empresas em operações de *hedge*. As opções são direitos que poderão ou não ser exercidos até ou na data do vencimento, dependendo das condições do mercado. O funcionamento é semelhante ao de uma apólice de seguro. Quem compra uma opção paga o prêmio e tem o direito. Quem vende uma opção recebe o prêmio e tem a obrigação, caso a opção seja exercida pelo comprador.

10.2 Opções de compra

Uma opção de compra (*call*) representa o direito de comprar um ativo em determinada data por certo preço (de exercício). O direito de comprar pertence ao titular da opção, que é o agente econômico que compra a opção, pagando por ela um determinado valor (prêmio). O agente econômico que vende a opção para o titular é chamado de lançador. Ele recebe o prêmio pago pelo titular. Caso o titular exerça seu direito de comprar, o lançador é obrigado a vender-lhe o ativo objeto da opção.

O prêmio da opção de compra antes do vencimento é determinado por vários fatores, que veremos na Seção 10.6. Na data do vencimento, seu valor é:

$$\max\{(S-E), 0\}$$

S = cotação à vista do ativo

E = preço de exercício

Na data do vencimento, se o ativo estiver cotado acima do preço de exercício, a opção de compra valerá S – E, pois o titular exercerá o direito de comprar o ativo a E e poderá vendê-lo por S. Se o ativo estiver cotado ao preço de exercício, ou abaixo dele, o direito de comprar por E não será exercido. Nesse caso, dizemos que a opção "vira pó".

Exemplo 10.1

Em determinada data, foi feito o seguinte negócio com opções de compra de uma ação na B3:

10.000 opções de compra, em que E = R$ 2,50 e prêmio = R$ 0,11

O titular pagará em D+1 por essas opções:

10.000 × R$ 0,11 = R$ 1.100,00 + corretagem[1] + taxas da Bolsa

O lançador receberá[2] por essas opções, em D+1:

10.000× R$ 0,11 = R$ 1.100,00 − corretagem[3] − taxas da Bolsa

O titular estará pagando ao lançador R$ 1.100,00 para ter o direito de comprar 10.000 dessas ações ao preço de R$ 2,50 cada ação até[4] a data de vencimento da opção.

A posição poderá ser fechada por qualquer uma das partes envolvidas, a qualquer momento, até a data do vencimento da opção. Basta fazer a operação inversa, ou seja, o titular pode vender e o lançador pode comprar a opção de compra. A operação é feita no mercado, não havendo necessidade de ser realizada entre as duas partes que originalmente efetuaram o negócio.

Caso a posição seja fechada antes do vencimento da opção, o resultado apurado será a diferença dos prêmios da data de abertura e da data de fechamento da posição.

Caso a posição fique em aberto até a data de vencimento da opção, são possíveis os seguintes resultados, conforme ilustra a Figura 10.1, a seguir.

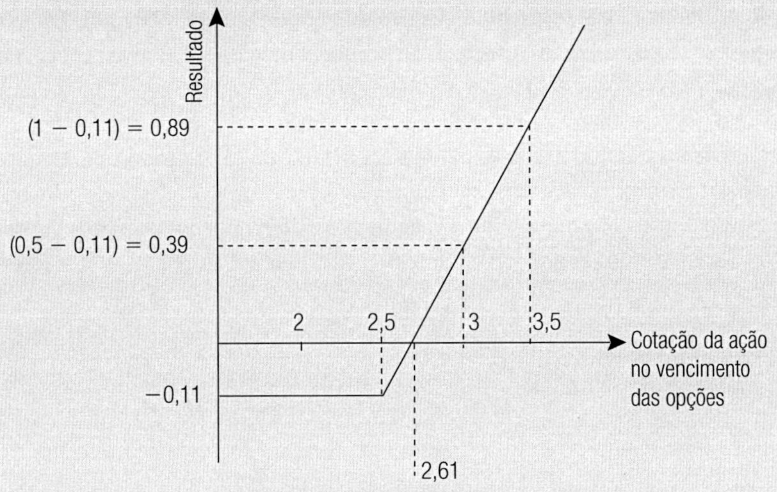

Figura 10.1 Titular da opção de compra.

---

[1] Livremente negociada entre a corretora e o cliente.

[2] Se possuir as 10 mil ações e, portanto, estiver coberto. Se não possuir as ações, estará descoberto e terá de depositar garantias.

[3] Livremente negociada entre a corretora e o cliente.

[4] Na prática, o exercício do direito de comprar se dá, normalmente, na data do vencimento da opção.

Na Figura 10.2, a seguir, temos

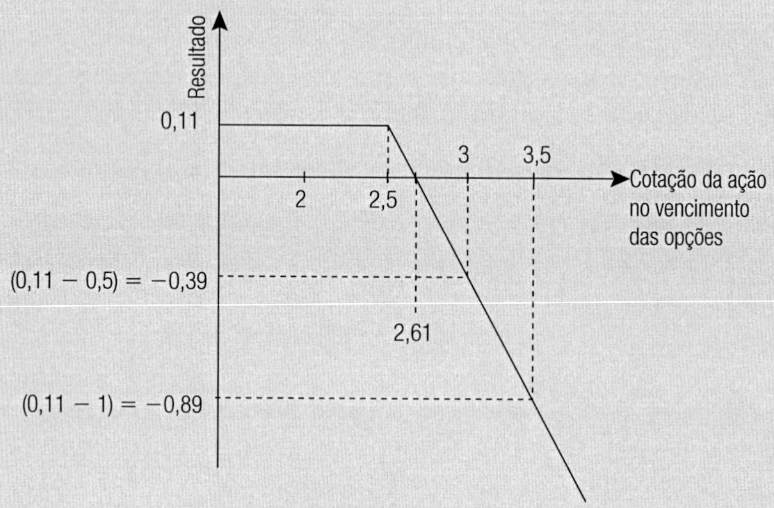

Figura 10.2 Lançador da opção de compra.

10.3 Opções de venda

Uma opção de venda (*put*) representa o **direito de vender** um ativo em determinada data por um preço certo (de exercício). O direito de vender pertence ao **titular** da opção, ou seja, àquele que compra a opção, pagando por ela um prêmio. O agente econômico que vende a opção para o titular é chamado **lançador**, é ele quem recebe o prêmio pago pelo titular. Caso o direito de vender seja exercido pelo titular, o lançador é obrigado a comprar o ativo objeto da opção.

O prêmio da opção de venda antes do vencimento é determinado por vários fatores, que veremos na Seção 10.6. Na data do vencimento, seu valor é:

$$\max\{(E-S),0\}$$

S = cotação à vista do ativo

E = preço de exercício

Na data do vencimento, se o ativo estiver cotado abaixo do preço de exercício, a opção de venda valerá E – S, pois o titular exercerá o direito de vender a E, que poderá comprá-lo por S. Se o ativo estiver cotado ao preço de exercício, ou acima dele, o direito de vender por E não será exercido. Nesse caso, a opção vira pó.

Exemplo 10.2

Em determinada data, foi feito o seguinte negócio com opções de venda de dólar na B3:

US$ 10.000.000 em contratos de opções de venda, em que

$$E = R\$\ 1.950 \div US\$\ 1.000$$

$$\text{prêmio} = R\$\ 14{,}70 \div US\$\ 1.000$$

O titular pagará em D+1 por essas opções:

$$US\$\ 10.000.000 \times \frac{R\$\ 14{,}70}{US\$\ 1.000} = R\$\ 147.000 + \text{corretagem}^{5} + \text{taxas da Bolsa}$$

Em D+1, o lançador terá que depositar uma margem de garantia estipulada pela Bolsa.

O titular pagará ao lançador R$ 147.000,00 para ter o direito de vender US$ 10.000.000 ao preço de R$ 1,95 na data de vencimento da opção.

Como no caso da opção de compra, a posição poderá ser fechada por qualquer uma das partes envolvidas a qualquer momento, até a data do vencimento da opção, bastando fazer a operação inversa. A operação é feita no mercado, não havendo necessidade de ser realizada entre as duas partes[6] que originalmente efetuaram o negócio.

Como mostram as Figuras 10.3 e 10.4, na data de vencimento da opção, a situação das partes envolvidas será:

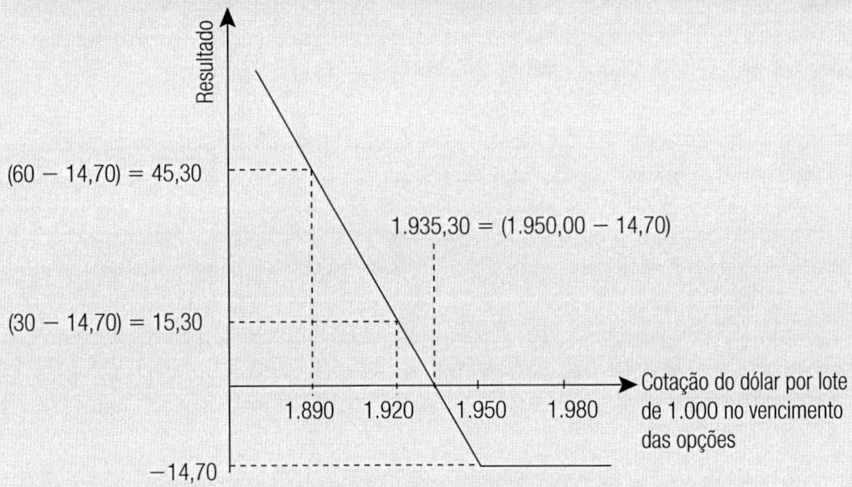

Figura 10.3 Titular da opção de venda.

[5] Livremente negociada entre a corretora e o cliente.

[6] A B3 possui também outra modalidade de opção de dólar, chamada flexível, na qual a reversão só pode ser feita pelas duas partes que efetuaram o negócio no início.

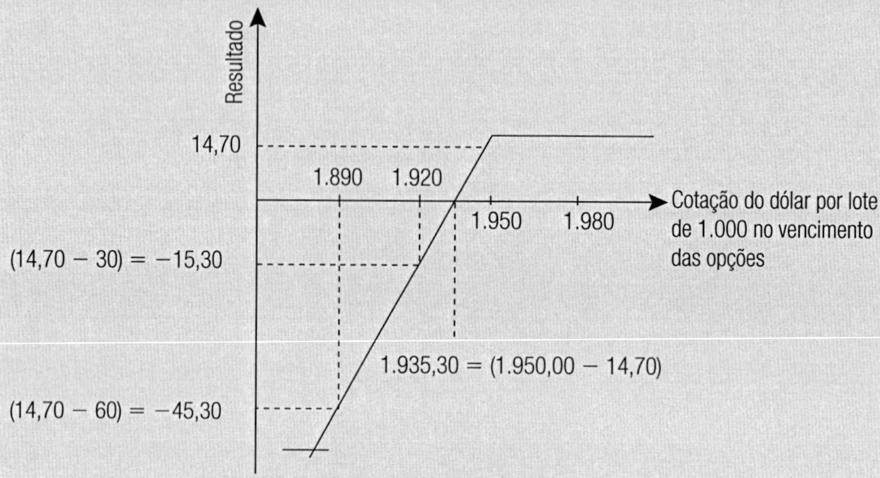

Figura 10.4 Lançador da opção de venda.

10.4 Mercado de opções no Brasil

No Brasil, as opções são negociadas na B3, nos segmentos de ações e de mercadorias e futuros, e também junto aos bancos, normalmente por empresas interessadas em fazer *hedge*.

No segmento de ações, são negociadas opções de compra e opções de venda de ações, com a liquidez mais concentrada nas opções de compra de ações. As opções de venda de ações também têm liquidez, embora menos que as de compra.

A identificação das opções é feita pelo símbolo do ativo-objeto associado a uma letra e a um número de série; a letra identifica se é uma opção de compra ou de venda e o mês de vencimento, conforme apresentado a seguir:

Opção		
Compra	Venda	Vencimento
A	M	Janeiro
B	N	Fevereiro
C	O	Março
D	P	Abril
E	Q	Maio
F	R	Junho
G	S	Julho
H	T	Agosto
I	U	Setembro
J	V	Outubro
K	W	Novembro
L	X	Dezembro

No segmento de opções de ações, os vencimentos ocorrem na terceira segunda-feira do mês de vencimento.

No segmento de mercadorias e futuros, existem várias modalidades de opções. As mais comuns são as opções financeiras e as flexíveis.

As opções financeiras podem ser:

- opções de compra sobre taxa de câmbio de reais por dólar comercial;
- opções de venda sobre taxa de câmbio de reais por dólar comercial.

As opções flexíveis podem ser:

- opções de compra flexíveis de Ibovespa;
- opções de venda flexíveis de Ibovespa;
- opções de compra sobre taxa de câmbio de reais por dólar comercial;
- opções de venda sobre taxa de câmbio de reais por dólar comercial.

Como um de seus parâmetros de negociação, as opções flexíveis[7] podem apresentar as chamadas barreiras, cuja função é condicionar a validade da opção a determinada variação no preço do ativo-objeto. A opção que apresenta alguma barreira como parâmetro de negociação tem refletida essa característica no preço de seu prêmio: como o estabelecimento de um preço de barreira limita a variação do preço do ativo objeto da opção, o prêmio a ser pago por esta é menor, uma vez que apresenta menor risco para o lançador.

As barreiras podem ser de dois tipos: quanto ao acionamento ou à extinção dos direitos e obrigações relativos ao exercício da opção e quanto ao limite de preço para exercício da opção.

Barreiras do primeiro tipo, ou seja, aquelas quanto ao acionamento ou à extinção dos direitos e obrigações relativos ao exercício da opção, as quais se dividem em:

1. *Knock-in*: caso o preço à vista, a qualquer momento da vida da opção, atinja o preço de barreira acordado entre as partes, passam a existir o direito de exercer a opção pelo comprador e a obrigação de atender o exercício pelo vendedor. A opção é diferenciada, ainda, conforme a relação entre o preço à vista e o preço de barreira em sua data de lançamento, como se segue:

   a. *knock-in-and-up*: o preço à vista na data de lançamento da opção está abaixo do preço de barreira;
   b. *knock-in-and-down*: o preço à vista na data de lançamento da opção está acima do preço de barreira;

2. *Knock-out*: caso o preço à vista, a qualquer momento da opção, atinja o preço de barreira estabelecido entre as partes, cessam os direitos e obrigações relativos à opção. A opção é diferenciada, ainda, conforme a relação entre o preço à vista e o preço de barreira em sua data de lançamento, como se segue:

[7] São opções em que os diversos parâmetros, como tamanho do contrato, prazo de vencimento, preço de exercício, data de pagamento do prêmio etc., são livremente pactuados entre as duas partes. Elas não são intercambiáveis, ou seja, não podem ser negociadas no pregão.

a. *knock-out-and-up*: o preço à vista na data de lançamento da opção está abaixo do preço de barreira;
b. *knock-out-and-down*: o preço à vista na data de lançamento da opção está acima do preço de barreira.

Barreiras do segundo tipo, ou seja, quanto ao limite de preço para exercício da opção, estabelecem um preço à vista máximo para efeito de exercício da opção.

10.5 Opções americanas e europeias

A opção americana é aquela que pode ser exercida a qualquer momento, até a data do vencimento. A opção europeia só pode ser exercida na data do vencimento.

No Brasil, existem as duas modalidades de opções. A opção americana pode ser mais interessante em um mercado com pouca liquidez. Não havendo a possibilidade de fechar a posição no mercado, o titular de uma opção americana pode exercer o direito e sair da posição na hora que julgar mais conveniente.

10.6 Variáveis que afetam o preço das opções antes do vencimento

Existem, basicamente, cinco variáveis que afetam o preço das opções[8]:

S – preço à vista do ativo-objeto;

E – preço de exercício;

r – taxa de juro livre de risco;

t – tempo para o vencimento;

σ – volatilidade do ativo-objeto.

Os sinais das derivadas parciais para as opções de compra (c) e para as opções de venda (p) são:

$$c = c\,(\overset{+}{S}, \overset{-}{E}, \overset{+}{r}, \overset{+}{t}, \overset{+}{\sigma})$$

$$p = p\,(\overset{-}{S}, \overset{+}{E}, \overset{-}{r}, \overset{+}{t}, \overset{+}{\sigma})$$

O preço de uma opção de dólar é afetado também pela taxa de juro em dólar no Brasil, o chamado cupom cambial.

O preço de uma opção de ação pode ser afetado pelos proventos esperados durante a vida da opção. Os dividendos e o juro sobre capital próprio pagos por uma empresa aos acionistas reduzem o preço da ação na data do ex-dividendo ou ex-juro. Se o preço de

[8] Antes do vencimento.

exercício também for reduzido, a opção estará protegida e o dividendo e o juro sobre capital próprio não afetarão o valor do prêmio. No Brasil, o preço de exercício é reduzido pelo valor efetivamente recebido pelo investidor (dividendos não sofrem a incidência de imposto de renda e juro sobre capital próprio é recebido pelo acionista já com o desconto do imposto de renda). No entanto, se o preço de exercício não for reduzido, a opção não estará protegida, e o dividendo e o juro sobre capital próprio afetarão o valor do prêmio.

10.7 Paridade entre opções de compra e opções de venda europeias

Existe uma relação entre o valor de uma opção de compra de determinados preços de exercício e data de vencimento e o valor de uma opção de venda de mesmo preço de exercício e data de vencimento:

$$\boxed{p = c + Ee^{-rt} - S}$$

Para demonstrar a relação, considere as seguintes estratégias de investimentos na data zero:

1ª estratégia

- comprar o ativo por S;
- comprar uma opção de venda de preço de exercício E por p.

Valor da estratégia no vencimento da opção: máx {S,E}
Por quê?

- se $S < E$, o investidor exerce o direito de vender o ativo por E;
- se $S \geq E$, a opção não é exercida e o investidor termina com S.

2ª estratégia

- comprar uma opção de compra de preço de exercício E por c;
- aplicar $E\ e^{-rt}$ na renda fixa.

Valor da estratégia no vencimento da opção: máx {S,E}
Por quê?

- Se $S \leq E$, a opção não é exercida e o investidor termina com E, a aplicação na renda fixa;
- Se $S > E$, o investidor exerce o direito de comprar o ativo por E e termina com S, seu valor de mercado.

As duas estratégias são iguais, pois produzem o mesmo resultado no vencimento da opção, qual seja: $S + p = c + E\ e^{-rt}$

10.8 Classificação das séries de opções

As séries de opções são classificadas de acordo com o preço de exercício e o preço à vista do ativo-objeto observado no momento. Essas classificações são:

- ITM *in-the-money* (dentro do dinheiro);
- ATM *at-the-money* (no dinheiro);
- OTM *out-of-the-money* (fora do dinheiro).

No caso das séries de opções de compra, temos:

- preço do ativo > valor presente do preço de exercício ⇒ *in-the-money*;
- preço do ativo ≅ valor presente do preço de exercício ⇒ *at-the-money*;
- preço do ativo < valor presente do preço de exercício ⇒ *out-of-the-money*.

Por exemplo, em determinada data, uma ação fechou cotada a R$ 49,85. As séries de opções de compra podiam ser classificadas da seguinte maneira:

$$\left.\begin{array}{l} E = 40 \\ E = 42 \\ E = 44 \\ E = 46 \\ E = 48 \end{array}\right\} \textit{in-the-money}$$

$$E = 50 \;\} \textit{ at-the-money}$$

$$\left.\begin{array}{l} E = 52 \\ E = 54 \end{array}\right\} \textit{out-of-the money}$$

No caso das séries de opções de venda, temos:

- preço do ativo < valor presente do preço de exercício ⇒ *in-the-money*;
- preço do ativo ≅ valor presente do preço de exercício ⇒ *at-the-money*;
- preço do ativo > valor presente do preço de exercício ⇒ *out-of-the-money*.

10.9 Posições mistas no mercado

É possível criar uma posição no mercado de opções sinteticamente, a partir da combinação de posições no ativo-objeto e em opções. As posições mistas que podem ser criadas são:

- compra de opção de compra = compra do ativo + compra da opção de venda;
- compra de opção de venda = venda do ativo + compra da opção de compra;
- venda de opção de compra = venda do ativo + venda de uma opção de venda;
- venda de opção de venda = compra do ativo + venda de opção de compra.

Exemplo 10.3

Em determinado dia, uma determinada ação estava cotada a R$ 42,27 e a opção de compra E = 43,48, a R$ 1,03. Para montar uma posição sintética de compra de opção de venda de E = 43,48 deve-se:

- V ação a 42,27
- C opção de compra a 1,03

No vencimento, considere as seguintes cotações para a ação:

Ação	38	40	42	43,48	44	46

O resultado da operação ficaria:

V ação	4,27	2,27	0,27	(1,21)	(1,73)	(3,73)
C opção	0	0	0	0	0,52	2,52
Prêmio pago na data zero	(1,03)	(1,03)	(1,03)	(1,03)	(1,03)	(1,03)
Resultado	3,24	1,24	(0,76)	(2,24)	(2,24)	(2,24)

Com isso, foi criada sinteticamente uma posição comprada em opção de venda E = 43,48 prêmio = 2,24.

10.10 Exercícios propostos

10.1 Um investidor paga o prêmio de R$ 30,00 por uma opção de compra cujo preço de exercício é R$ 450,00. A partir de que preço do ativo-objeto o investidor irá exercer a opção? Em que circunstâncias o investidor obterá lucro mantendo a posição até o vencimento da opção? Despreze os custos de corretagem e de oportunidade.

10.2 Um investidor recebe o prêmio de R$ 1,50 por uma opção de compra cujo preço de exercício é R$ 20,00. A partir de que preço do ativo-objeto esse lançador será exercido? Em que circunstâncias esse lançador obterá lucro mantendo a posição até o vencimento da opção? Despreze os custos de corretagem e de oportunidade.

10.3 Suponha que o preço de exercício de uma opção de venda europeia seja R$ 80,00 e o prêmio seja R$ 10,00. Essa opção é mantida até o vencimento. Em quais circunstâncias o vendedor da opção terá lucro mantendo a posição até o vencimento da opção? Em quais circunstâncias a opção será exercida? Se na data de vencimento o ativo estiver cotado a R$ 60,00, qual será o lucro ou o prejuízo do vendedor da opção? Despreze os custos de corretagem e de oportunidade.

10.4 Suponha que o preço de exercício de uma opção de venda europeia seja R$ 10,00 e o prêmio seja R$ 1,00. Essa opção é mantida até o vencimento. Em quais circunstâncias o titular da opção obterá lucro mantendo a posição até o vencimento da opção? Em quais circunstâncias a opção será exercida? Se na data de vencimento o ativo estiver cotado a R$ 7,00, qual será o lucro ou o prejuízo do titular da opção? Despreze os custos de corretagem e de oportunidade.

10.5 Com os dados do exemplo 10.3, mostre como poderia ser criada sinteticamente uma posição vendida em opção de venda de ação, E = 43,48. Apure o resultado no vencimento, considerando diversos valores possíveis para a ação: 38; 40; 42; 43,48; 44; 46.

Hedge com opções

capítulo 11

11.1 Introdução

As operações de *hedge* com opções são comuns no mercado brasileiro. Em geral, são feitas por empresas junto aos bancos, no chamado mercado de balcão. As empresas buscam opções de compra e de venda para se protegerem principalmente do risco de oscilação do real em relação às moedas estrangeiras, notadamente o dólar norte-americano. Existem várias possibilidades de utilização das opções de compra e de venda e de combinações entre elas. As principais são as operações nas quais as empresas pagam um prêmio e compram a opção e as operações com custo zero em termos de prêmio.

11.2 *Hedge* convencional

As operações de *hedge* convencional envolvem a compra de opções. As empresas importadoras ou com dívida em moeda estrangeira correm o risco de desvalorização da moeda local; para se protegerem, devem comprar opções de compra da moeda local em relação à moeda estrangeira. As empresas exportadoras ou com ativo em moeda estrangeira correm o risco de valorização da moeda local; para se protegerem, devem comprar opções de venda da moeda local em relação à moeda estrangeira.

Exemplo 11.1

Hedge convencional com opção de compra para a empresa brasileira importadora em dólar

Uma empresa brasileira contratou uma importação de US$ 2.000.000 para pagamento em 90 dias corridos. Temendo uma alta do dólar, procurou um banco e comprou uma opção de compra de dólar de preço de exercício = R$ 3,70/US$ 1. Pagou pela opção de compra na data zero um prêmio de R$ 0,05/US$ 1 × US$ 2.000.000 = R$ 100.000. Supondo vários cenários para o dólar à vista 90 dias depois, temos:

Pagamento da importação	(3,50)	(3,60)	(3,70)	(3,80)	(3,90)	(4,00)	(4,10)
Recebimento do banco	–	–	–	0,10	0,20	0,30	0,40
Prêmio pago	(0,05)	(0,05)	(0,05)	(0,05)	(0,05)	(0,05)	(0,05)
Custo final da importação	(3,55)	(3,65)	(3,75)	(3,75)	(3,75)	(3,75)	(3,75)

Ao comprar a opção de compra de preço de exercício = R$ 3,70/US$ 1, a empresa adquiriu o direito de receber do banco a diferença para R$ 3,70, caso a cotação do dólar à vista ultrapasse o preço de exercício. Se o dólar à vista ficar igual a R$ 3,70 ou abaixo disso, o banco não precisará pagar nada para a empresa. Portanto, ela se protegeu contra o risco de alta do dólar, fixando em R$ 3,75/US$ 1 o custo máximo da importação, considerando o prêmio pago. É interessante observar que o custo final da importação pode ficar menor que R$ 3,75/US$1, caso o dólar caia.

Exemplo 11.2

Hedge convencional com opção de venda para a empresa brasileira exportadora em dólar

Uma empresa brasileira exportou US$ 1.000.000 para recebimento em 90 dias corridos. Temendo uma queda do dólar, procurou um banco e comprou uma opção de venda de dólar de preço de exercício = R$ 3,65/US$ 1. Pagou pela opção de venda na data zero um prêmio de R$ 0,02/US$ 1 × US$ 1.000.000 = R$ 20.000. Supondo vários cenários para o dólar à vista 90 dias depois, temos:

Recebimento da exportação	3,40	3,50	3,60	3,65	3,80	3,90	4,00
Recebimento do banco	0,25	0,15	0,05	–	–	–	–
Prêmio pago	(0,02)	(0,02)	(0,02)	(0,02)	(0,02)	(0,02)	(0,02)
Recebimento final da exportação	3,63	3,63	3,63	3,63	3,78	3,88	3,98

Ao comprar uma opção de venda de preço de exercício = R$ 3,65/US$ 1, o exportador garantiu o direito de receber do banco a diferença para R$ 3,65, caso a cotação do dólar à vista caia abaixo do preço de exercício. Se o dólar à vista ficar igual ou acima de R$ 3,65, o banco não precisará pagar nada para a empresa. Portanto, ela se protegeu contra o risco de queda do dólar, garantindo o valor mínimo de R$ 3,63/US$ 1 para a exportação, considerando o prêmio pago. É interessante observar que o valor final recebido na exportação pode ficar acima de R$ 3,63/US$ 1, caso o dólar suba.

11.3 *Hedge* com prêmio zero

As operações de *hedge* com prêmio zero envolvem a compra e a venda simultânea de opções, de forma que o prêmio pago na compra seja financiado pelo prêmio recebido na venda. As empresas importadoras ou com dívida em dólar devem comprar opção de compra para se proteger da alta do dólar e vender opção de venda para financiar o prêmio pago na compra da opção de compra. As empresas exportadoras ou com ativo em dólar devem comprar opção de venda para se proteger da queda do dólar e vender opção de compra para financiar o prêmio pago na compra da opção de venda.

Empresa importadora ou com dívida em dólar	C opção de compra V opção de venda
Empresa exportadora ou com ativo em dólar	C opção de venda V opção de compra

Existem duas modalidades mais comuns de *hedge* com prêmio zero:

1. *zero cost collar*;
2. *participant forward*.

No *zero cost collar*, as opções têm preços de exercícios diferentes e a quantidade de opção comprada é a mesma das opções vendidas. No *participant forward*, as opções têm preços de exercícios iguais e a quantidade de opções vendida é menor que a quantidade de opções comprada.

Exemplo 11.3

Zero cost collar para importador

Uma empresa importadora no Brasil vai fechar câmbio no final de 90 dias corridos. Temendo uma alta do dólar, determinou o preço máximo que pode pagar em R$ 3,70/US$ 1. Para isso, comprou de um banco uma opção de compra de preço de exercício R$ 3,70/US$ 1, pagando um prêmio de R$ 0,05/US$ 1. Para financiar a compra da opção de compra, vendeu ao banco uma opção de venda de preço de exercício = R$ 3,55/US$ 1, recebendo um prêmio de R$ 0,05/US$ 1.

Zero cost collar na data zero	C opção de compra	E = 3,70	prêmio = (0,05)
	V opção de venda	E = 3,55	prêmio = 0,05

Supondo vários cenários para o dólar à vista 90 dias depois, temos:

Pagamento da importação	(3,40)	(3,55)	(3,65)	(3,70)	(3,80)	(3,90)	(4,00)
Recebimento na opção de compra	–	–	–	–	0,10	0,20	0,30
Pagamento na opção de venda	(0,15)	–	–	–	–	–	–
Total pago	(3,55)	(3,55)	(3,65)	(3,70)	(3,70)	(3,70)	(3,70)

Ao comprar a opção de compra de preço de exercício = R$ 3,70/US$ 1, a empresa adquiriu o direito de receber do banco a diferença para R$ 3,70, caso a cotação do dólar à vista ultrapasse o preço de exercício. Ao vender a opção de venda de preço de exercício = R$ 3,55/US$ 1, a empresa se obriga a pagar ao banco a diferença para R$ 3,55, caso a cotação do dólar à vista caia abaixo do preço de exercício. Caso o dólar à vista fique entre R$ 3,55 e R$ 3,70, a empresa nada recebe, mas também não precisa pagar nada ao banco. Portanto, o custo da importação para a empresa se situa entre R$ 3,55 e R$ 3,70.

Exemplo 11.4

Participant forward para importador

Suponha, no exemplo anterior, que o importador financie a compra da opção de compra do preço de exercício = R$ 3,70/US$ 1 com a venda de opção de venda de mesmo preço de exercício e, consequentemente, prêmio mais alto. Assim, para financiar a compra de opção de compra, a quantidade de opções vendida será menor que a quantidade de opções comprada. Portanto, se ele vender opção de venda de preço de exercício = R$ 3,70/US$ 1, prêmio = R$ 0,10/US$ 1, a quantidade de opções vendida será 0,50 × R$ 0,10 = R$0,05, que financia o prêmio da opção de compra comprada.

$$\text{Participant forward na data zero} \begin{cases} \text{C opção de compra} & E = 3{,}70 \quad \text{prêmio} = (0{,}05) \\ \text{V 0,5 opção de venda} & E = 3{,}70 \quad \text{prêmio} = 0{,}50 \times 0{,}10 = 0{,}05 \end{cases}$$

Supondo vários cenários para o dólar à vista 90 dias depois, temos:

Pagamento da importação	(3,40)	(3,55)	(3,70)	(3,85)	(4,00)	(4,15)
Recebimento na opção de compra	–	–	–	0,15	0,30	0,45
Pagamento na opção de venda	(0,15)	(0,075)	–	–	–	–
Total pago	(3,55)	(3,625)	(3,70)	(3,70)	(3,70)	(3,70)

Ao comprar a opção de compra de preço de exercício = R$ 3,70/US$ 1, a empresa adquiriu o direito de receber do banco a diferença para R$ 3,70, caso a cotação do dólar à vista ultrapasse o preço de exercício. Ao vender 0,50 opção de venda de preço de exercício = R$ 3,70/US$ 1, a empresa se obriga a pagar ao banco 0,50 da diferença para R$ 3,70, caso a cotação do dólar à vista caia abaixo do preço de exercício. Portanto, a empresa fixa o máximo que vai pagar em R$ 3,70/US$ 1 e participa de 1 − 0,5 = 0,5 do benefício com a queda do dólar abaixo de R$ 3,70.

Exemplo 11.5

Zero cost collar para exportador

Uma empresa exportadora no Brasil vai fechar câmbio final de 180 dias corridos. Temendo uma queda do dólar, determinou o preço mínimo que pode receber em R$ 3,60/US$ 1. Para isso, comprou de um banco uma opção de venda de preço de exercício R$ 3,60/US$ 1, pagando um prêmio de R$ 0,02/US$ 1. Para financiar a compra da opção de venda, vendeu uma opção de compra de preço de exercício = R$ 3,80/US$ 1, recebendo um prêmio de R$ 0,02 / US$ 1.

$$\begin{array}{c} \textit{Zero cost collar} \\ \text{na data zero} \end{array} \begin{cases} \text{C opção de venda} & E = 3{,}60 \quad \text{prêmio} = (0{,}02) \\ \text{V opção de compra} & E = 3{,}80 \quad \text{prêmio} = 0{,}02 \end{cases}$$

Supondo vários cenários para o dólar à vista 180 dias depois, temos:

Recebimento da exportação	3,40	3,60	3,70	3,80	4,00	4,20
Recebimento na opção de venda	0,20	–	–	–	–	–
Pagamento na opção de compra	–	–	–	–	(0,20)	(0,40)
Total recebido	3,60	3,60	3,70	3,80	3,80	3,80

Ao comprar a opção de venda de preço de exercício = R$ 3,60/US$ 1, a empresa adquiriu o direito de receber do banco a diferença para R$ 3,60, caso a cotação do dólar à vista caia abaixo do preço de exercício. Ao vender a opção de compra de preço de exercício = R$ 3,80/US$ 1, a empresa se obriga a pagar ao banco a diferença para R$ 3,80, caso a cotação do dólar à vista suba acima do preço de exercício. Caso o dólar à vista fique entre R$ 3,60 e R$ 3,80, a empresa nada recebe, mas também não precisa pagar nada ao banco. Portanto, o recebimento da exportação para a empresa se situa entre R$ 3,60 e R$ 3,80.

Exemplo 11.6

Participant forward para exportador

Suponha, no exemplo anterior, que o exportador financie a compra da opção de venda de preço de exercício = R$ 3,60/US$ 1 com a venda de opção de compra de mesmo preço de exercício e, consequentemente, do prêmio mais alto. Assim, para financiar a compra da opção de venda, a quantidade de opções vendida deverá ser menor que a quantidade de opções comprada. Portanto se ele vender opção de compra de preço de exercício = R$ 3,60/US$ 1, prêmio = R$ 0,08/US$ 1, a quantidade de opções vendida será 0,25 × R$ 0,08 = R$ 0,02, que financia o prêmio da opção de venda comprada.

Participant forward na data zero $\begin{cases} \text{C opção de venda} & E = 3{,}60 \quad \text{prêmio} = (0{,}02) \\ \text{V } 0{,}25 \text{ opção de compra} & E = 3{,}60 \quad \text{prêmio} = 0{,}25 \times 0{,}08 = 0{,}02 \end{cases}$

Supondo vários cenários para o dólar à vista 180 dias depois, temos:

Recebimento da exportação	3,40	3,60	3,80	4,00	4,20	4,40
Recebimento na opção de venda	0,20	–	–	–	–	–
Pagamento na opção de compra	–	–	(0,05)	(0,10)	(0,15)	(0,20)
Total recebido	3,60	3,60	3,75	3,90	4,05	4,20

Ao comprar a opção de venda de preço de exercício = R$ 3,60/US$ 1, a empresa adquiriu o direito de receber do banco a diferença para R$ 3,60, caso a cotação do dólar à vista caia abaixo do preço de exercício. Ao vender a 0,25 a opção de compra de preço de exercício = R$ 3,60/US$ 1, a empresa se obriga a pagar ao banco 0,25 da diferença para R$ 3,60, caso a cotação do dólar ultrapasse o preço de exercício. Portanto, a empresa fixa o mínimo que vai receber em R$ 3,60/US$ 1 e participa de 1 − 0,25 = 0,75 do benefício com a alta do dólar acima de R$ 3,60.

11.4 Exercícios propostos

11.1 Uma empresa brasileira contratou uma importação de US$ 1.000.000 para pagamento em 180 dias corridos. Para se proteger, fez *hedge*, comprando uma opção de compra de dólar de preço de exercício = R$ 3,65/US$ 1, pagando um prêmio de R$ 40.000. Determine quanto custará a importação em cada uma das seguintes suposições para o dólar à vista 180 dias depois: R$ 3,50, R$ 3,65 e R$ 3,80.

11.2 Uma empresa brasileira exportadora fez uma venda de U$ 2.000.000 para recebimento em 120 dias corridos. Para se proteger, fez *hedge*, comprando uma opção de venda de dólar de preço de exercício = R$ 3,60/US$ 1, pagando um prêmio de R$ 30.000. Determine quanto a empresa receberá em cada uma das seguintes suposições para o dólar à vista 120 dias depois: R$ 3,50, R$ 3,60 e R$ 3,70.

11.3 Uma empresa brasileira com dívida em dólar com vencimento em 90 dias corridos fez um *zero cost collar*, comprando uma opção de compra de preço de exercício = R$ 3,63 e vendendo uma opção de venda de preço de exercício igual a R$ 3,55. Determine quanto a empresa pagará em cada uma das seguintes suposições para o dólar à vista 90 dias depois: R$ 3,50, R$ 3,55, R$ 3,60, R$ 3,63 e R$ 3,70.

11.4 Uma empresa brasileira exportadora com recebimento previsto para um ano fez, para se proteger de uma eventual queda do dólar, um *participant forward*, comprando uma opção de venda de preço de exercício = R$ 3,75 e vendendo a 0,30 a opção de compra de mesmo preço de exercício. Determine quanto a empresa receberá em cada uma das seguintes suposições para o dólar um ano depois: R$ 3,45, R$ 3,60, R$ 3,75, R$ 3,90 e R$ 4,05.

Modelo de Black & Scholes

capítulo 12

12.1 Introdução

O modelo de Black & Scholes foi apresentado em 1973 por Fischer Black e Myron Scholes e representou um grande avanço na área de finanças ao mostrar como os preços teóricos de opções podem ser determinados. Na prática, o modelo é largamente utilizado pelos agentes econômicos no apreçamento de opções europeias.[1]

A principal hipótese do modelo é a de que os preços do ativo seguem uma distribuição log-normal,[2] ou seja, a distribuição probabilística dos retornos do ativo em uma data futura, calculados de forma contínua e composta a partir dos seus preços, é normal.

$$LN\left(\frac{S_t}{S_{t-1}}\right)$$

LN= retorno do ativo calculado de forma contínua

S_t = preço do ativo na data t

S_{t-1} = preço do ativo na data t − 1

As fórmulas de Black & Scholes para a determinação dos preços de opções de compra e opções de venda europeias de ações sem dividendos são:

$$c = S\,N(d_1) - E\,e^{-rt}\,N(d_2)$$
$$p = E\,e^{-rt}\,N(-d_2) - S\,N(-d_1)$$

$$d_1 = \frac{\ln\left(\frac{S}{E}\right) + \left(r + \left(\frac{\sigma^2}{2}\right)\right)t}{\sigma\sqrt{t}}$$

---

[1] Opções americanas de compra sobre ações que não pagam dividendos também podem ser apreçadas pelo modelo, já que nunca devem ser exercidas antes do vencimento.

[2] Uma variável segue uma distribuição log-normal quando seu logaritmo natural é normalmente distribuído.

$$d_2 = \frac{\ln\left(\frac{S}{E}\right) + \left(r - \left(\frac{\sigma^2}{2}\right)\right)t}{\sigma\sqrt{t}} = d_1 - \sigma\sqrt{t}$$

c = prêmio teórico da opção de compra (*call*)
p = prêmio teórico da opção de venda (*put*)
S = cotação à vista do ativo-objeto (*spot price*)
E = preço de exercício
r = taxa de juros nominal contínua projetada até o vencimento da opção
t = tempo para o vencimento da opção
σ = volatilidade do ativo-objeto
N(x) = função de probabilidade cumulativa de uma variável normal padronizada
e = base dos logaritmos naturais = 2,718282
ln = logaritmo natural

Nos Exemplos 12.1 e 12.2 a seguir, veremos como calcular os preços teóricos de uma opção de compra e de uma opção de venda de uma ação, respectivamente, de acordo com a fórmula de Black & Scholes.

Exemplo 12.1

Cálculo do preço teórico na data zero de uma opção de compra de uma determinada ação, E = 46, com vencimento 17 dias úteis depois.

- S = 41,04
- E = 46
- $t = \frac{17 \text{ dias úteis}}{252 \text{ dias úteis}} = 0{,}0675$
- Taxa de juros projetada no mercado futuro de juro 17 dias úteis para frente = 0,16558 ao ano.

Transformando em taxa contínua:

$$1{,}16558 = 1 \times e^r \Rightarrow \ln 1{,}16558 = r = 0{,}15322$$

Cálculo da volatilidade histórica a partir dos preços de fechamento da ação nos 21 pregões anteriores (Veja a tabela na próxima página)

Data	Ação Preço da ação	$\ln\left(\frac{S_t}{S_{t-1}}\right)$
0	47,80	
1	47,93	0,003
2	48,10	0,004
3	47,69	−0,009
4	48,69	0,021
5	48,15	−0,011
6	47,20	−0,020
7	46,70	−0,011
8	46,10	−0,013
9	47,45	0,029
10	47,49	0,001
11	46,50	−0,021
12	47,05	0,012
13	46,23	−0,018
14	45,68	−0,012
15	44,35	−0,030
16	44,15	−0,005
17	43,51	−0,015
18	41,91	−0,037
19	39,30	−0,064
20	41,39	0,052

$\sigma = 0{,}02464$

$\sigma_{anual} = \sigma_{diário} \times \sqrt{252} = 0{,}02464 \times \sqrt{252} = 0{,}391148$

$$d_1 = \frac{\ln\left(\frac{41{,}04}{46}\right) + \left(0{,}15322 + \left(\frac{0{,}3911^2}{2}\right)\right) \times 0{,}0675}{0{,}3911 \times \sqrt{0{,}0675}} = -0{,}9705$$

Na tabela da normal: N (−0,9705) = 0,1659

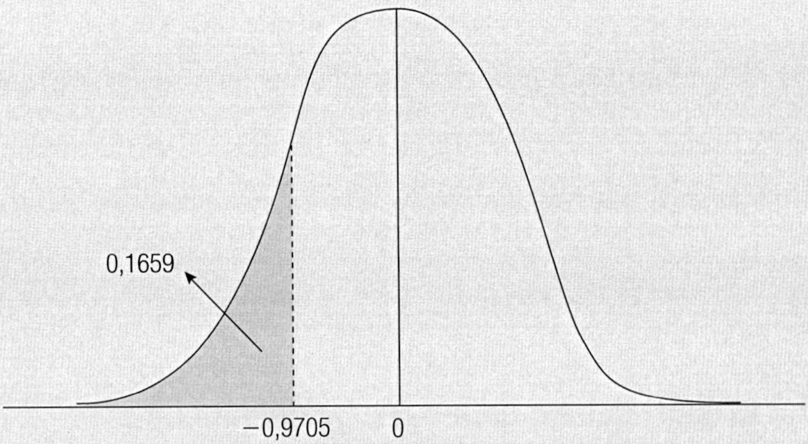

$d_2 = d_1 - \sigma\sqrt{t} = -0{,}9705 - 0{,}3911\sqrt{0{,}0675} = -1{,}072$

Na tabela da normal: N (–1,072) = 0,1419

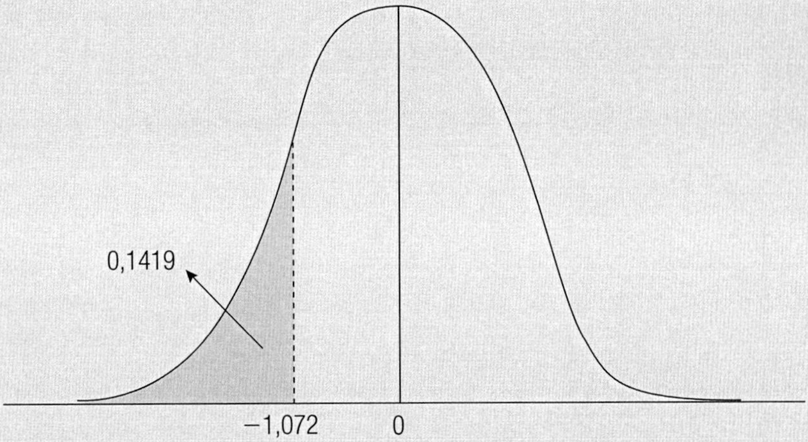

Finalmente:

$c = 41{,}04 \times 0{,}1659 - 46 \times e^{-0{,}15322 \times 0{,}0675} \times 0{,}1419 = R\$\ 0{,}35$

Exemplo 12.2

Calcule o preço teórico na data zero de uma opção de venda de uma determinada ação, E = 42, com vencimento 17 dias úteis depois.

Os dados do Exemplo 12.1 se mantêm, com exceção do preço de exercício, que agora é igual a 42.

Então:

$$d_1 = \frac{\ln\left(\frac{41,04}{42}\right) + \left\{0,15322 + \left(\frac{0,3911^2}{2}\right)\right\} \times 0,0675}{0,3911 \times \sqrt{0,0675}} = -0,0750$$

Na tabela da normal: $N(-d_1) = N(0,0750) = 0,5299$

$$d_2 = -0,0750 - 0,3911\sqrt{0,0675} = -0,1766$$

Na tabela da normal: $N(-d_2) = N(0,1766) = 0,5701$

Finalmente:

$$p = 42\, e^{-0,15322 \times 0,0675} \times 0,5701 - 41,04 \times 0,5299 = R\$\ 1,95$$

12.2 Gregas: delta e gama. *Hedge* delta neutro

O delta de uma opção é a derivada do preço da opção em relação ao preço do ativo-objeto, ou seja, o delta representa a inclinação da curva que relaciona o preço da opção ao preço do ativo-objeto em um determinado ponto. Na fórmula de Black & Scholes, o delta é:

$N(d_1) \Rightarrow$ para a opção de compra

$N(-d_1) \Rightarrow$ para a opção de venda

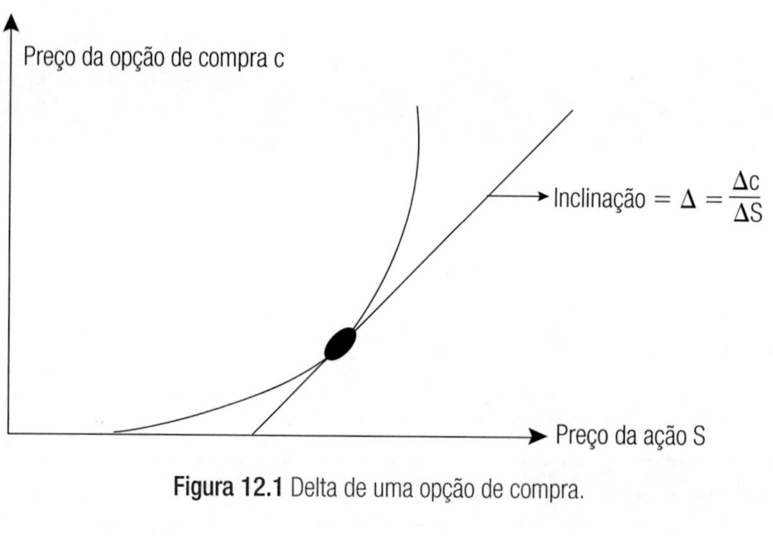

Figura 12.1 Delta de uma opção de compra.

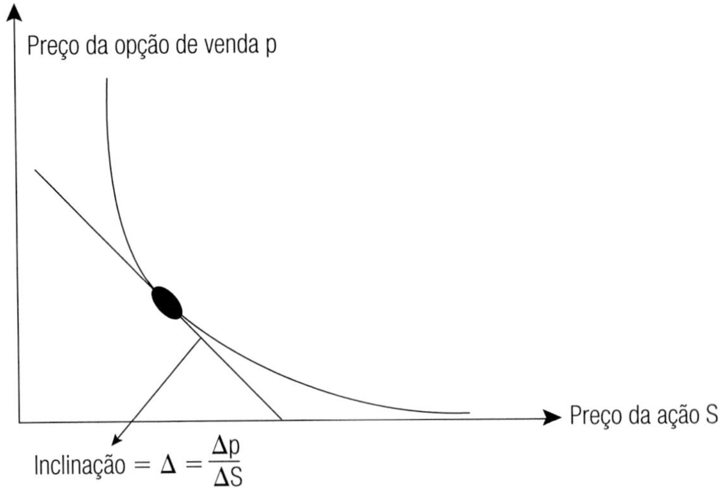

Figura 12.2 Delta de uma opção de venda.

Se uma opção de compra, por exemplo, possui um $\Delta = 0{,}5$, e o preço do ativo-objeto cai R$ 1,00, o preço da opção cai cerca de R$ 0,50. Se uma opção de venda, por exemplo, possui $\Delta = -0{,}5$, e o preço do ativo-objeto cai R$ 1,00, o preço da opção sobe cerca de R$ 0,50.

Uma posição neutra em relação ao delta (*hedge* delta neutro) envolve a entrada no ativo e na opção, de forma que o financeiro resultante de uma oscilação do preço do ativo, e consequentemente da opção, seja aproximadamente nulo. Por exemplo, se o investidor está comprado em x unidades do ativo-objeto, para que delta fique neutro, ele deve estar vendido em $\frac{x}{\Delta}$ opções de compra e comprado em $\frac{x}{|\Delta|}$ opções de venda.

Supondo um $\Delta = 0{,}5$ para a opção de compra, se o ativo cai R$ 1,00, o resultado obtido é:

- perda na posição comprada no ativo = (R$ 1,00) · ×
- ganho na posição vendida na opção de compra: R$ 0,50 · 2×

– 0 –

Supondo um $\Delta = -0{,}5$ para a opção de venda, se o ativo cai R$ 1,00, o resultado obtido é:

- perda na posição comprada no ativo = (R$1,00) · ×
- ganho na posição comprada na opção de venda: R$ 0,50 · 2×

– 0 –

De forma inversa, se o investidor está vendido em x unidades do ativo-objeto, para ficar delta neutro, ele deve estar comprando em $\frac{x}{\Delta}$ opções de compra e vendido em $\frac{x}{|\Delta|}$ opções de venda.

A posição neutra em relação ao delta só se mantém por um espaço de tempo relativamente curto. Pelas Figuras 12.1 e 12.2, fica claro que qualquer mudança no preço do ativo-objeto provoca alteração no valor do delta e, consequentemente, nas quantidades de opções necessárias para manter o *hedge* delta neutro. Portanto, as posições nas opções têm que ser rebalanceadas periodicamente, a fim de refletir os novos deltas.

No Exemplo 12.3 a seguir, mostramos um exemplo prático de *hedge* delta neutro para um investidor que possui ações e acha que a Bolsa vai cair e deseja se proteger vendendo opções de compra.

Exemplo 12.3

Hedge delta neutro na data zero para um investidor que possui 100.000 ações de uma determinada empresa cotada a R$ 44,19 e acha que a Bolsa vai cair. Vamos utilizar a opção de compra de E = 44 com vencimento 28 dias úteis depois cotada a R$ 2,67. A volatilidade é de 37,24% ao ano e o prazo para o vencimento é de $\frac{28}{252}$ = 0,1111 ao ano.

Taxa de juro projetada no DI futuro = 0,169132 ao ano
Transformando em taxa contínua:

$$1{,}169132 = 1 \times e^{r} \Rightarrow \ln 1{,}169132 = r = 0{,}156262$$

Utilizando Black & Scholes, temos:

$$d_1 = \frac{\ln\left(\frac{44{,}19}{44}\right) + \left\{0{,}1563 + \left(\frac{0{,}3724^2}{2}\right)\right\} \times 0{,}1111}{0{,}3724 \times \sqrt{0{,}1111}} = 0{,}2367$$

$N(d_1) = N(0{,}2367) = 0{,}594$

Quantidade de opções = $\frac{100.000}{0{,}594}$ ≅ 168.300

Hedge na data zero V 168.300 opções a R$ 2,67

No dia seguinte, a ação caiu para R$ 42,66, e a opção, para R$ 1,98.

Resultado da operação:

- perda nas ações = (42,66 − 44,19) × 100.000 = (R$ 153.000,00)
- ganho nas opções = (2,67 − 1,98) × 168.300 = R$ 116.127,00

A perda nas ações não foi compensada pelo ganho nas opções. Esse resultado era de certa forma esperado. O *hedge* delta neutro gera um financeiro aproximadamente nulo para pequenas oscilações do preço do ativo. Ocorrendo uma alteração significativa, como nesse exemplo, em que a ação caiu $\frac{42{,}66}{44{,}29} - 1 = -3{,}46\%$, o *hedge* delta neutro dá um erro, conforme fica claro na figura a seguir:

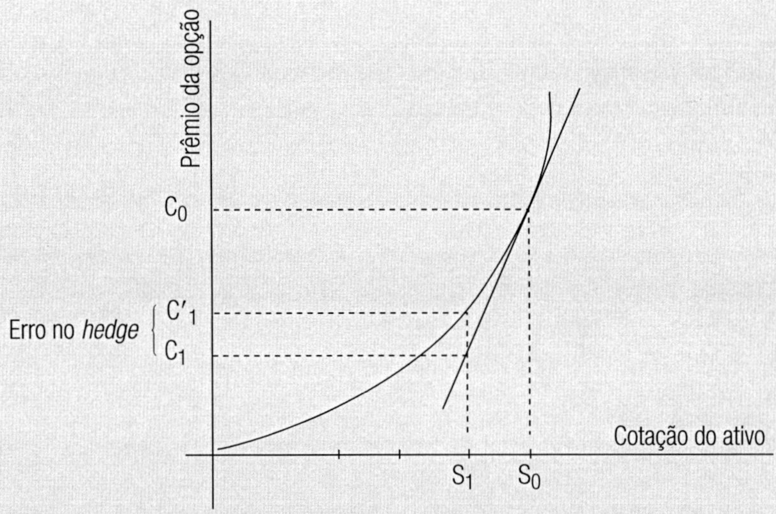

Figura 12.3 Erro no *hedge* delta neutro

Quando o preço da ação cai de S_0 para S_1, o *hedge* de delta considera que o preço da opção de compra se move de C_0 para C_1 (na reta), quando, de fato, ele se move de C_0 para C'_1 (na curva). A diferença $C'_1 - C_1$ representa o erro do *hedge* delta neutro. Quanto maior for a curvatura no ponto original, maior o potencial de erro provocado por grandes oscilações do preço do ativo. O gama da opção mede a curvatura. Ele é a derivada do delta da opção em relação ao preço do ativo-objeto e pode ser calculado pela seguinte fórmula, para uma opção de compra ou de venda europeia de uma ação sem dividendos:

$$\Gamma = \frac{N'(d_1)}{Ss\sqrt{t}}$$

O gama é máximo nas opções *at-the-money* e seu valor aumenta à medida que o vencimento da opção vai se aproximando.

12.3 Gregas: teta, vega e rô

12.3.1 Teta

O teta de uma opção mostra, em reais, a mudança que acontece no prêmio da opção com a passagem do tempo, tudo mais constante. Em outras palavras, é a derivada do prêmio em relação ao tempo. Quase sempre é um valor negativo e, portanto, sugere que as posições vendidas em opções ganham dinheiro com a passagem do tempo se tudo se mantiver constante. As posições compradas, ao contrário, perdem dinheiro com a passagem do tempo se tudo se mantiver constante. O teta apresenta o maior valor negativo para as opções *at-the-money* e fica progressivamente mais negativo à medida que o vencimento da opção vai se aproximando. A partir do modelo de Black & Scholes apresentado na Seção 12.1, as fórmulas do teta para as opções europeias de ações sem dividendos são as seguintes:

$$\text{Teta da opção de compra} = -\frac{SN'(d_1)\sigma}{2\sqrt{t}} - rEe^{-rt}N(d_2)$$

$$\text{Teta da opção de venda} = -\frac{SN'(d_1)\sigma}{2\sqrt{t}} + rEe^{-rt}N(-d_2)$$

$$\text{Sendo } N'(d_1) = \frac{1}{\sqrt{2\pi}} e^{(-d_1^2/2)}$$

Exemplo 12.4

Em determinada data, uma ação estava cotada a R$ 42,27 e a opção de compra de E=43,48 estava cotada a R$ 1,03 e o seu teta era −R$ 0,0229 por dia útil. O que significa esse valor do teta? Significa que, no dia útil subsequente, se tudo se mantiver constante, o prêmio dessa opção cairá de R$ 1,03 para R$ 1,03 – R$ 0,0229 = R$ 1,0071, dando lucro para os investidores que estão vendidos e prejuízo para os investidores que estão comprados.

12.3.2 Vega

O vega de uma opção mostra, em reais, a mudança que acontece no prêmio da opção com a alteração na volatilidade do ativo-objeto. Ou seja, é a derivada do prêmio em relação à volatilidade do ativo-objeto. O vega das opções de ações é sempre positivo, sinalizando que o aumento da volatilidade aumenta o prêmio da opção e que a diminuição da volatilidade diminui o prêmio da opção. A partir do modelo de Black & Scholes apresentado na Seção 12.1, a fórmula do teta para as opções de compra e opções de venda europeias de ações sem dividendos é a seguinte:

$$\text{Vega das opções de compra e de venda europeias} = S\sqrt{t}N'(d_1)$$

$$\text{Sendo } N'(d_1) = \frac{1}{\sqrt{2\pi}} e^{(-d_1^2/2)}$$

Exemplo 12.5

Em determinada data, uma ação estava cotada a R$ 42,27 e a opção de compra de E = 43,48 estava cotada a R$ 1,03, com volatilidade de 24,78% e o seu vega era 0,0534 por 1%. O que significa esse valor do vega? Significa que, por exemplo, se tudo se mantiver constante e a volatilidade da ação subir para 25,78%, o prêmio da opção subirá para R$ 1,03 + R$ 0,0534 = R$ 1,0834.

12.3.3 Rô

O rô de uma opção mostra, em reais, a mudança que acontece no prêmio da opção com a alteração na taxa de juro. Ou seja, é a derivada do prêmio em relação à taxa de juro. A partir do modelo de Black & Scholes apresentado na Seção 12.1, as fórmulas do rô para as opções europeias de ações sem dividendos são as seguintes:

Rô da opção de compra = $E\,t\,e^{-rt}\,N(d_2)$

Rô da opção de venda = $-E\,t\,e^{-rt}\,N(-d_2)$

Exemplo 12.6

Em determinada data, uma ação estava cotada a R$ 42,27 e a opção de compra de E=43,48 estava cotada a R$ 1,03. A taxa de juro projetada até o vencimento da opção era 12% ao ano. Transformando em taxa contínua, LN(1,12) = 11,3329% ao ano. O rô da opção era 0,0178364 por 1%. O que significa esse valor de rô? Significa que, por exemplo, se tudo se mantiver constante e a taxa de juro projetada pelo mercado até o vencimento da opção subir de 11,3329% ao ano para 12,3329% ao ano, o prêmio da opção subirá para R$ 1,03 + R$ 0,0178364 = R$ 1,0478364.

12.4 Modelo de Black & Scholes generalizado

A fórmula de Black & Scholes que apresentamos na Seção 12.1 pode ser generalizada de modo que possa ser utilizada na determinação dos preços teóricos de outras opções europeias, como as opções de moedas, opções de futuros e opções não protegidas sobre ações com dividendos. As fórmulas são as seguintes:

$$C = S\,e^{(b-r)t}\,N(d_1) - E\,e^{-rt}\,N(d_2)$$

$$P = E\,e^{-rt}\,N(-d_2) - S\,e^{(b-r)t}\,N(-d_1)$$

em que:

$$d_1 = \frac{LN\left(\frac{S}{E}\right) + \left(b + \frac{\sigma^2}{2}\right)t}{\sigma\sqrt{t}}$$

$$d_2 = \frac{LN\left(\frac{S}{E}\right) + \left(b - \frac{\sigma^2}{2}\right)t}{\sigma\sqrt{t}} = d_1 - \sigma\sqrt{t}$$

$b = r$	modelo de Black & Scholes para opções de ações sem dividendos
$b = r - q$	modelo de Merton para opções de ações com dividendos à taxa contínua q
$b = 0$	modelo de Black para opções de futuros
$b = r - r_f$	modelo de Garman & Kohlhagen para opções de moedas, sendo r_f a taxa de juro externa

12.5 Exercícios propostos

12.1 Calcule o preço teórico na data zero de uma opção de compra de uma ação com preço de exercício igual a R$ 44,00 e vencimento 17 dias úteis depois.
Dados:
Cotação à vista do ativo-objeto (S) = 41,04
Taxa de juro projetada no DI futuro em 20/09 até o vencimento da opção = 16,55% ao ano
Volatilidade histórica = 0,02464 por dia

12.2 Calcule o preço teórico, na data zero, de uma opção de venda de uma ação com preço de exercício igual a 44 e vencimento 17 dias úteis depois. Utilize os mesmos dados do exercício anterior.

12.3 Em determinada data, um investidor possui 50.000 ações de uma empresa cotadas a R$ 42,60, e acha que a Bolsa vai cair. Faça o *hedge* delta neutro.
Dados:
Opção de compra E = 44, vencimento 42 dias úteis depois
Prêmio mercado = 2,77
Taxa de juro projetada no DI futuro até o vencimento da opção = 16,0875% ao ano
Desvio-padrão anual da ação = 0,3911

12.4 No exercício anterior, apure o resultado no dia seguinte. Comente.
Dados no dia seguintes:
Ação = 40,12/1.000
Opção de compra = 1,80/1.000

12.5 Calcule o preço teórico na data zero de uma opção de compra de dólar. Preço de exercício = R$ 4,50/US$ 1. Vencimento = seis meses. Utilize o modelo de Garman & Kohlhagen.
Dados:
cotação à vista do dólar = R$ 3,96/US$ 1
taxa de juros interna = 7% a.a. contínua
taxa de juros externa = 3% a.a. contínua
volatilidade do dólar = 15% a.a.

12.6 Repita o exercício anterior para uma opção de venda de dólar.

Modelo binomial

capítulo 13

13.1 Introdução

O modelo binomial é bastante usado, na prática, pelos agentes econômicos no apreçamento de opções americanas que não podem ter seus valores teóricos determinados pelo modelo de Black & Scholes. Esse é o caso, por exemplo, das opções de venda. Neste capítulo discutiremos como as árvores binomiais podem ser utilizadas na avaliação dessas opções americanas e de outras opções, como as de barreira dos tipos *knock-in* e *knock-out*.

13.2 Árvore binomial simplificada

Para discutir essa técnica, partiremos de uma situação bastante simples. A única hipótese que precisamos considerar é a de que não existem oportunidades de arbitragem para os investidores. Considere como exemplo, um ativo cujo preço na data zero seja 100 e que possa estar cotado a 110 ou 90 na data 1, dependendo das condições de mercado. O nosso objetivo é o de determinar o preço teórico na data zero de uma opção de compra europeia, preço de exercício 105, com vencimento na data 1.

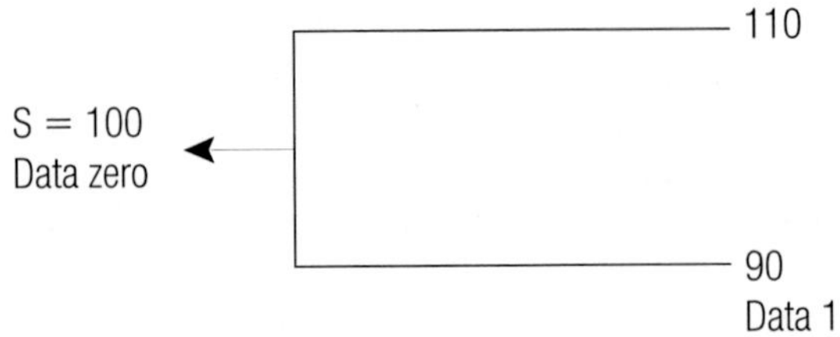

Figura 13.1 Árvore binomial simplificada.

Se o ativo subir e estiver cotado a 110 na data 1, a opção terminará valendo 5. Se, no entanto, o ativo cair e estiver cotado a 90 na data 1, a opção terminará valendo 0.

Criaremos uma carteira com a ação e a opção. Para que não haja incerteza com relação ao valor da carteira da data 1, ela será montada de forma que, em qualquer condição do mercado, esse valor será igual. Como a carteira não possui risco, seu retorno deverá ser igual à taxa de juro livre de risco.

$$\text{Carteira} \begin{cases} \text{Compro } \Delta \text{ ações} \\ \text{Vendo uma opção de compra} \end{cases}$$

Igualando os valores da carteira na data 1, em qualquer condição de mercado, temos:

$$110\,\Delta - 5 \times 1 = 90\,\Delta - 0 \times 1$$
$$\Rightarrow \Delta = 0{,}25$$

Portanto, uma carteira sem risco estará comprada em 0,25 a ação e vendida em uma opção. Se a ação subir, a carteira valerá $110 \times 0{,}25 - 5 = 22{,}5$. Se a ação cair, ela valerá $90 \times 0{,}25 = 22{,}5$. Na ausência de oportunidades de arbitragem, carteiras sem risco devem render a taxa de juro livre de risco. Vamos supor que a taxa de juro sem risco seja de 5% por período. Então:

$$[(100 \times 0{,}25) - (c \times 1)]\, e^{0{,}05} = 22{,}5$$
$$\Rightarrow C = 3{,}60,$$

que é o preço justo da opção na data zero.

Se o valor da opção fosse superior a 3,60, a carteira seria montada com custo inferior e renderia mais do que a taxa de juro livre de risco. Se o valor da opção fosse inferior a 3,60, a venda da carteira criaria um meio de tomar emprestado à taxa inferior à taxa de juro livre de risco.

13.3 Generalização da árvore binomial simplificada

Nesta seção, vamos generalizar os procedimentos mostrados na seção anterior para determinar o preço teórico de opções, utilizando a técnica das árvores binomiais.

Sejam:

S = preço da ação na data zero
f = preço da opção na data zero
t = tempo para o vencimento
u = coeficiente multiplicativo do movimento de subida
d = coeficiente multiplicativo do movimento de descida
r = taxa de juro livre de risco

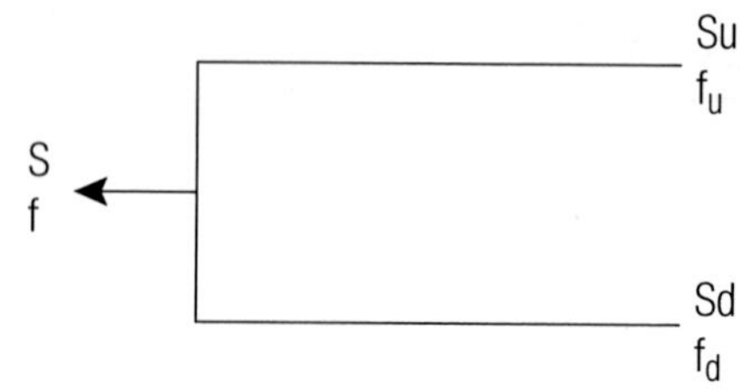

Figura 13.2 Generalização da árvore binomial simplificada.

$$\text{Carteira}\begin{cases}\text{Comprada em } \Delta \text{ ações}\\ \text{Vendida em 1 opção}\end{cases}$$

$$\underbrace{Su\Delta - f_u \times 1}_{\text{se houver alta}} \overset{\substack{\text{carteira sem risco}\\ \uparrow}}{=} \underbrace{S_d\Delta - f_d \times 1}_{\text{se houver baixa}} \Rightarrow \Delta = \frac{f_u - f_d}{Su - Sd} \qquad \textbf{(13.1)}$$

Usando o lado direito da igualdade acima, temos:

$$[Sd\,\Delta - f_d \times 1]\,e^{-rt} = \underbrace{S\Delta - f}_{\text{custo da montagem da carteira}} \qquad \textbf{(13.2)}$$

$$fe^{rt} = S\Delta e^{rt} - Sd\,\Delta + f_d$$

Substituindo (13.1) em (13.2), temos:

$$fe^{rt} = \frac{e^{rt} - d}{u - d}(f_u - f_d) + f_d$$

Fazendo:

$$p = \frac{e^{rt} - d}{u - d}$$

$$fe^{rt} = p\,(f_u - f_d) + f_d$$

$$fe^{rt} = pf_u + (1 - p)f_d$$

Interpretando a variável p como a probabilidade de uma oscilação ascendente do preço da ação e $(1 - p)$ como a probabilidade de uma oscilação descendente, a fórmula $pf_u + (1 - p)\,f_d$ é o retorno esperado da opção.

Como $f = e^{-rt}\,[pf_u + (1 - p)\,f_d]$, o valor da opção na data zero é o seu valor futuro esperado descontado à taxa livre de risco.

Na prática, ao utilizarmos o modelo binomial, devemos, então, analisar a árvore da data final para a data zero, de acordo com a fórmula acima. No caso de opções americanas, devemos fazer um teste em cada nó para verificar se a opção deve ou não ser exercida.

Exemplo 13.1

Determine o preço teórico na data zero de uma opção de venda americana E = 20 com vencimento na data 2.

Dados:

S = 20 d = 0,9

u = 1,1 r = 5% por período (capitalização contínua)

em que:

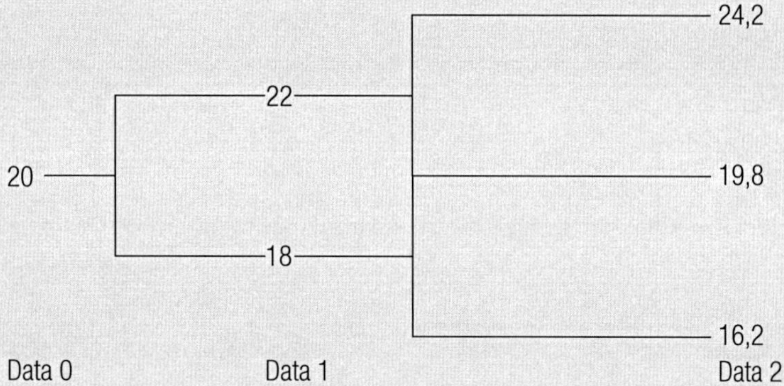

Valor da opção de venda:

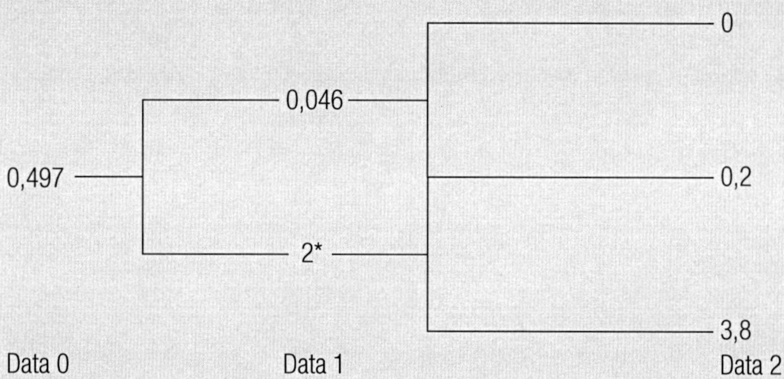

* Utiliza-se 2, pois, se a ação chegar a 18, a opção será exercida gerando esse valor, e não o valor de 1,025. Ou seja, é recomendado o exercício antecipado.

$$p = \frac{e^{0,05 \times 1} - 0,9}{1,1 - 0,9} = 0,756$$

$1 - p = 0,244$

$[(0 \times 0,756) + (0,2 \times 0,244)] \times e^{-0,05 \times 1} = 0,046$

$[(0,2 \times 0,756) + (3,8 \times 0,244)] \times e^{-0,05 \times 1} = 1,025$

$[(0,046 \times 0,756) + (2 \times 0,244)] \times e^{-0,05 \times 1} = 0,497$

Exemplo 13.2

Determine o preço teórico, na data zero, de uma opção de venda europeia E = 20 com vencimento na data 2.

Dados:

S = 20 d = 0,9

u = 1,1 r = 5% por período (capitalização contínua)

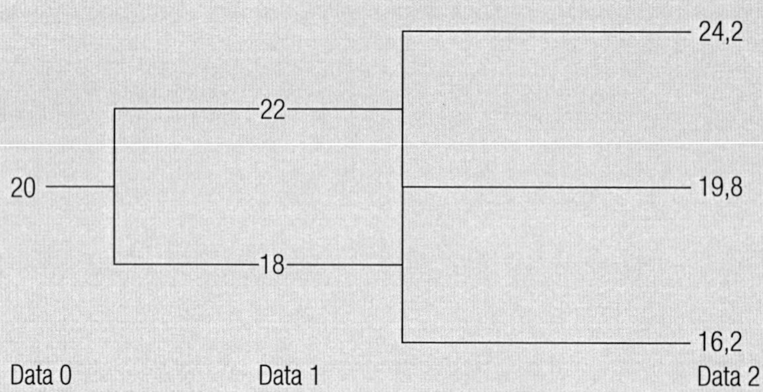

Valor da opção de venda:

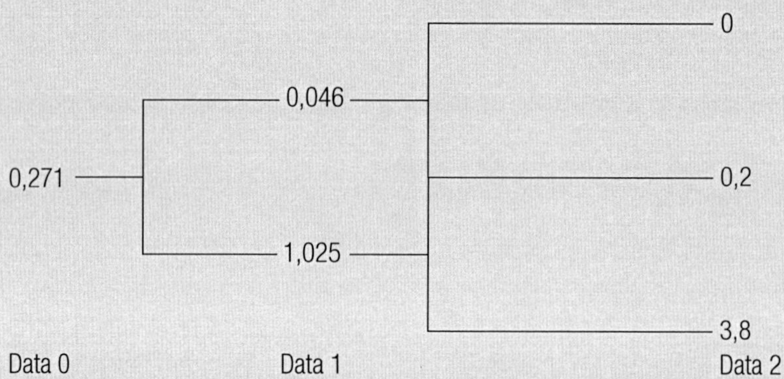

$[(0{,}046 \times 0{,}756) + (1{,}025 \times 0{,}244)] \times e^{-0{,}05 \times 1} = 0{,}271$

Comparando os Exemplos 13.1 e 13.2, observa-se que a opção americana apresentou um preço justo superior ao da opção europeia. A diferença se deve ao fato de a opção americana poder ser exercida a qualquer momento até a data do vencimento, enquanto a europeia só pode ser exercida no vencimento.

13.4 Árvores binomiais na prática

Na utilização prática do modelo binomial, devemos determinar os valores de u e d, a partir da volatilidade do preço da ação, σ. Definindo Δt como a extensão de um intervalo de tempo, temos:

$$u = e^{\sigma\sqrt{\Delta t}}$$

$$d = e^{-\sigma\sqrt{\Delta t}}$$

O valor de p fica sendo:

$$p = \frac{e^{r\Delta t} - d}{u - d}$$

Ainda na prática, precisamos dividir a vida da opção em pequenos intervalos de tempo, de forma que tenhamos uma árvore binomial com muitos passos (30 ou mais). As trajetórias possíveis para o preço da ação aumentam bastante, tornando necessário o uso de programas de computador especialmente desenvolvidos para esse fim.

Exemplo 13.3

Determine o preço teórico, na data zero, de uma opção de venda americana E = 100 com vencimento na data 2.

Dados:

$S = 100$ $\quad$ $t = 2$ meses $= 0{,}16667$ a.a.

$\sigma = 0{,}2$ a.a. $\quad$ $\Delta t = 1$ mês $= 0{,}083334$ a.a.

$r = 10\%$ a.a. (capitalização contínua)

$$u = e^{0{,}2 \times \sqrt{0{,}083334}} = 1{,}059$$

$$d = \frac{1}{1{,}059} = 0{,}944$$

$$p = \frac{e^{0{,}1 \times 0{,}083334} - 0{,}944}{1{,}059 - 0{,}944} = 0{,}56$$

$$1 - p = 0{,}44$$

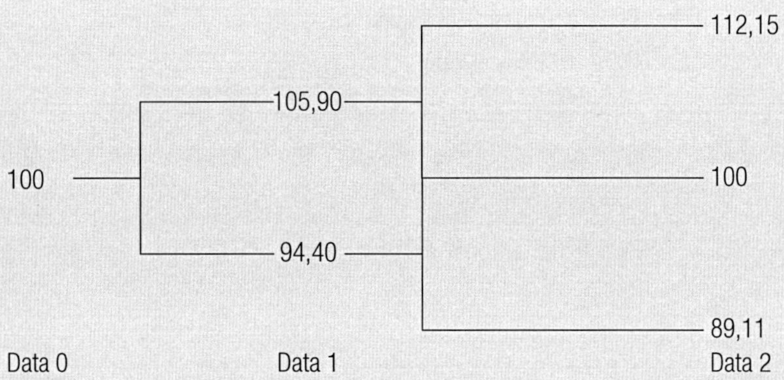

Valor da opção de venda:

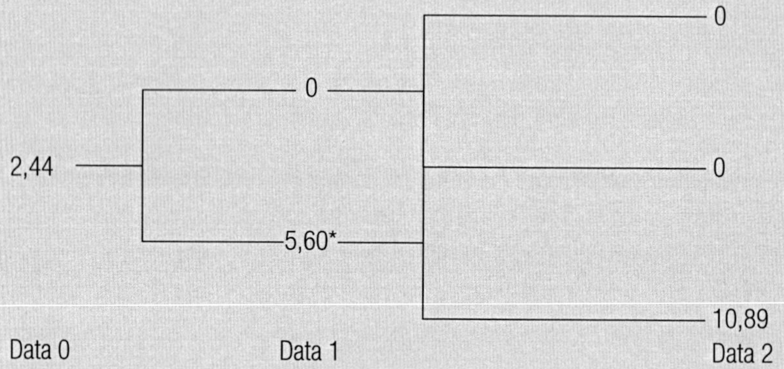

* Utiliza-se 5,60, pois, se a ação chegar a 94,40, a opção será exercida gerando esse valor, e não o valor de 4,75.

$$[(0 \times 0{,}56) + (10{,}89 \times 0{,}44)] \times e^{-0{,}1 \times 0{,}083334} = 4{,}75$$

$$[(0 \times 0{,}56) + (5{,}60 \times 0{,}44)] \times e^{-0{,}1 \times 0{,}083334} = 2{,}44$$

13.5 Exercícios resolvidos

13.5.1 Determine o preço teórico, na data zero, de uma opção de compra americana, E = 100, com vencimento na data 2.

Dados:

$S = 100$ $\qquad$ $t = 2$ meses $= 0{,}16667$ a.a.

$\sigma = 0{,}2$ a.a. $\qquad$ $\Delta t = 1$ mês $= 0{,}083334$ a.a.

$r = 10\%$ a.a. (capitalização contínua)

$$u = e^{0{,}2 \times \sqrt{0{,}083334}} = 1{,}059$$

$$d = \frac{1}{1{,}059} = 0{,}944$$

$$p = \frac{e^{0{,}1 \times 0{,}083334} - 0{,}944}{1{,}059 - 0{,}944} = 0{,}56$$

$$1 - p = 0{,}44$$

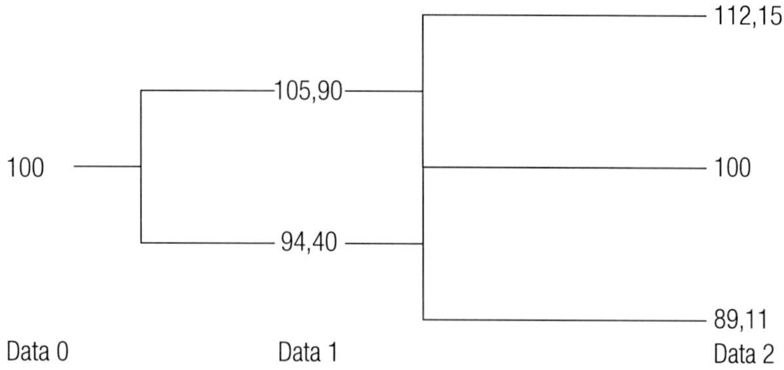

Valor da opção de compra:

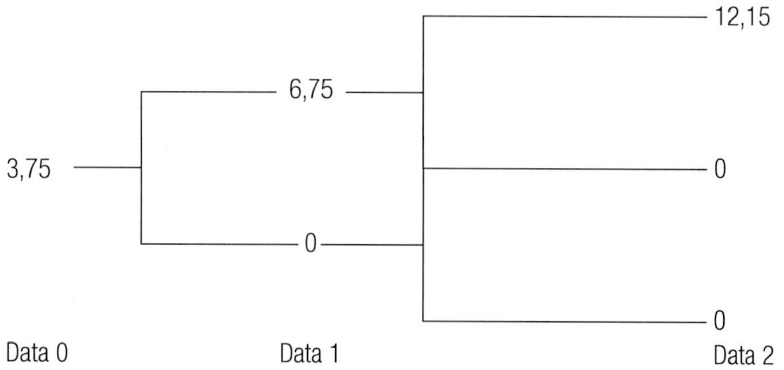

$$[(12{,}15 \times 0{,}56) + (0 \times 0{,}44)] \times e^{-0{,}1 \times 0{,}083334} = 6{,}75$$

$$[(6{,}75 \times 0{,}56) + (0 \times 0{,}44)] \times e^{-0{,}1 \times 0{,}083334} = 3{,}75$$

13.5.2 Determine o preço teórico, na data zero, de uma opção de compra europeia, E = 100, com vencimento na data 2.

Dados:

$S = 100$ $\quad$ $t = 2$ meses $= 0{,}16667$ a.a.

$\sigma = 0{,}2$ a.a. $\quad$ $\Delta t = 1$ mês $= 0{,}083334$ a.a.

$r = 10\%$ a.a. (capitalização contínua)

$$u = e^{0{,}2 \times \sqrt{0{,}083334}} = 1{,}059$$

$$d = \frac{1}{1{,}059} = 0{,}944$$

$$p = \frac{e^{0{,}1 \times 0{,}083334} - 0{,}944}{1{,}059 - 0{,}944} = 0{,}56$$

$$1 - p = 0{,}44$$

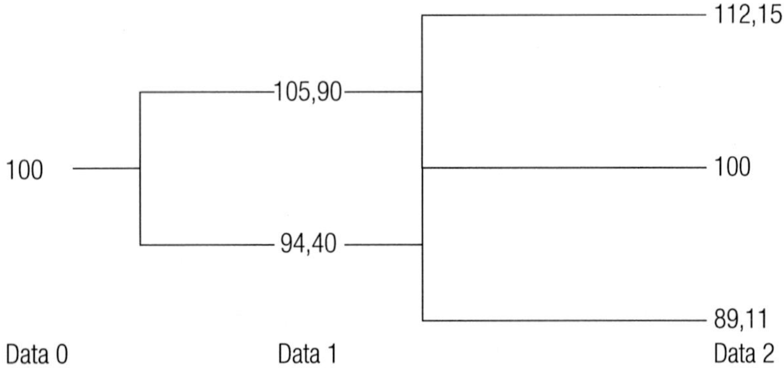

Valor da opção de compra:

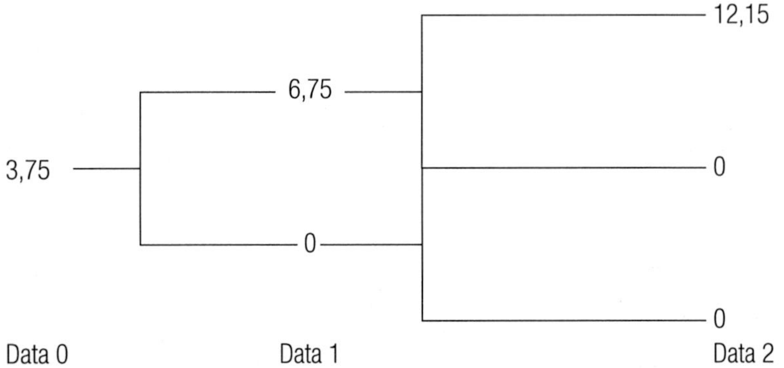

$$[(12{,}15 \times 0{,}56) + (0 \times 0{,}44)] \times e^{-0{,}1 \times 0{,}083334} = 6{,}75$$

$$[(6{,}75 \times 0{,}56) + (0 \times 0{,}44)] \times e^{-0{,}1 \times 0{,}083334} = 3{,}75$$

13.5.3 Determine o preço teórico, na data zero, de uma opção de venda europeia de barreira do tipo *up-and-out*, E = 100, barreira = 104, com vencimento na data 3.

Dados:

S = 100 t = 3 meses = 0,25 a.a.

σ = 0,2 a.a. Δt = 1 mês = 0,083334 a.a.

r = 10% a.a. (capitalização contínua)

Nessa opção de barreira do tipo *up-and-out*, se a ação chegar a 104, a opção estará "nocauteada", ou seja, cessam os direitos e obrigações relativos à opção. Vamos supor que seu valor se torne nulo. Na prática, porém, é comum o estabelecimento de um prêmio de rebate.

$$u = e^{0{,}2 \times \sqrt{0{,}083334}} = 1{,}059$$

$$d = \frac{1}{1{,}059} = 0{,}944$$

$$p = \frac{e^{0,1 \times 0,083334} - 0,944}{1,059 - 0,944} = 0,56$$

$$1 - p = 0,44$$

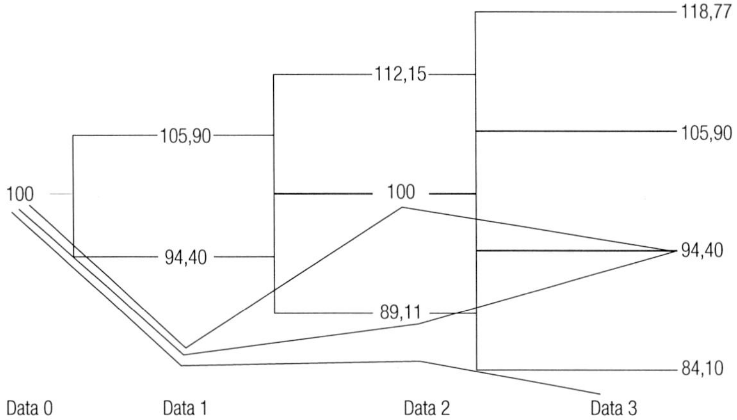

Pelas trajetórias possíveis, temos o preço teórico da opção na data zero igual a:

$$[(5,60 \times 0,44 \times 0,56 \times 0,44) + (5,60 \times 0,44 \times 0,44 \times 0,56) +$$
$$+ (15,90 \times 0,44 \times 0,44 \times 0,44)] \times e^{-0,1 \times 0,25} = 2,505$$

13.5.4 Determine o preço teórico, na data zero, de uma opção de compra europeia de barreira do tipo *down-and-in*, E = 100, barreira = 97, com vencimento na data 3.

Dados:

S = 100	t = 3 meses = 0,25 a.a.
σ = 0,2 a.a.	Δt = 1 mês = 0,083334 a.a.
r = 10% a.a. (capitalização contínua)	

No caso de uma opção de barreira do tipo *down-and-in*, o preço da ação tem que passar pela barreira, neste exercício, de 97, para estar valendo, ou seja, o direito envolvido na opção passa a existir, caso o preço à vista da ação, a qualquer momento da vida da opção, atinja o preço de barreira acordado entre as partes.

$$u = e^{0,2 \times \sqrt{0,083334}} = 1,059$$

$$d = \frac{1}{1,059} = 0,944$$

$$p = \frac{e^{0,1 \times 0,083334} - 0,944}{1,059 - 0,944} = 0,56$$

$$1 - p = 0,44$$

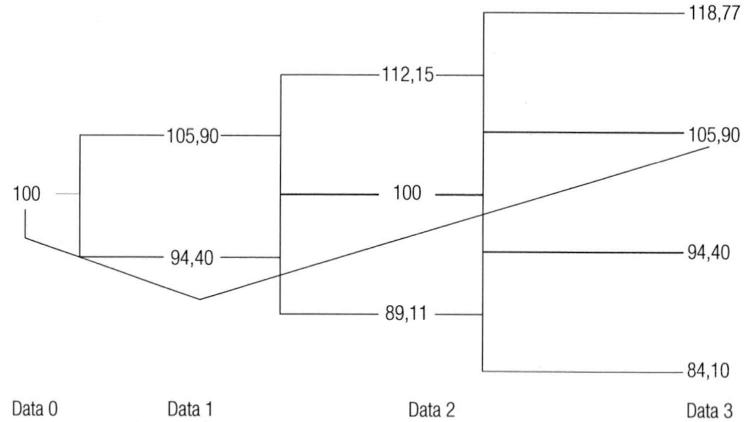

Só existe uma trajetória possível, portanto, o preço teórico da opção na data zero é igual a:

$[(5{,}90 \times 0{,}44 \times 0{,}56 \times 0{,}56)] \times e^{-0{,}1 \times 0{,}25} = 0{,}794$

13.6 Exercícios propostos

13.1 Determine o preço teórico de uma opção de compra europeia, E = 200, vencimento = 2 meses.

Dados:

S = 200 Volatilidade da ação = 0,25 a.a.

r = 0,12 a.a. (taxa contínua) Δt = 1 mês

13.2 Determine o preço teórico de uma opção de compra americana, E = 200, vencimento = 2 meses.

Dados:

S = 200 Volatilidade da ação = 0,25 a.a.

r = 0,12 a.a. (taxa contínua) Δt = 1 mês

13.3 Determine o preço teórico, na data zero, de uma opção de venda americana, E = 50, vencimento = 2 meses.

Dados:

S = 50 Volatilidade da ação = 0,3 a.a.

r = 0,15 a.a. (taxa contínua) Δt = 1 mês

13.4 Determine o preço teórico, na data zero, de uma opção de venda europeia, E = 50, vencimento = 2 meses.

Dados:

S = 50 Volatilidade da ação = 0,3 a.a.

r = 0,15 a.a. (taxa contínua) Δt = 1 mês

13.5 Determine o preço teórico, na data zero, de uma opção de venda europeia de barreira do tipo *down-and-out*, vencimento = 3 meses.

Dados:

E = 50 S = 50 Barreira = 48

Volatilidade da ação = 0,1 a.a. r = 0,05 a.a. (taxa contínua)

Δt = 1 mês

13.6 Determine o preço teórico de uma opção de compra europeia de barreira do tipo *up-and-in*, E = 50, barreira = 54, vencimento = 3 meses.

Dados:

S = 50 Volatilidade da ação = 0,1 a.a.

r = 0,05 a.a. (taxa contínua) Δt = 1 mês

Operações estruturadas com opções – Parte I

capítulo 14

14.1 Introdução

No Capítulo 10, mostramos os resultados que podem ser obtidos na compra e na venda isolada de opção de compra e de opção de venda, chamadas de compra e venda a seco. Neste capítulo, começamos a mostrar como as opções podem ser combinadas em operações estruturadas para atingir objetivos específicos, tais como apostas na alta, na baixa e na diminuição da volatilidade. Especificamente, detalhamos como funcionam as travas de alta e de baixa, a borboleta e o condor.

14.2 Trava de alta com opções de compra

Uma das operações mais simples que pode ser feita com opções de compra é a trava de alta (*vertical spread*). Essa estratégia envolve a compra de uma opção de compra de preço de exercício mais baixo e a venda de uma opção de compra de preço de exercício mais alto. Como a opção de compra de preço de exercício mais baixo tem um prêmio maior que a opção de compra de preço de exercício mais alto, a estratégia envolve certo investimento na data zero.

O investidor que monta uma trava de alta acredita que o preço do ativo subirá e estará, na data do vencimento das opções, igual ou pouco acima do preço de exercício mais alto. Nesse caso, ele recebe a diferença entre os dois preços de exercício. Se o preço do ativo cair e ficar igual ou abaixo do preço de exercício mais baixo, as duas opções não serão exercidas (viram pó) e ele perderá todo o investimento feito no início da operação.

No exemplo a seguir, o investidor aposta, em determinada data, quando a ação estava cotada a R$ 2,31, que ela estará a R$ 2,40 ou pouco acima na data do vencimento das opções. Ou seja, ele acredita em uma alta igual ou pouco superior a $(2,40/2,31)^{-1} = 3,9\%$ no período. O investimento inicial requerido é de R$ 0,11 por opção. Se a alta esperada se confirmar, ele receberá R$ 0,20 por opção (a diferença de preços de exercício), obtendo uma rentabilidade de 81,8% no período. Caso a ação caia e termine cotada a R$ 2,20 ou menos, o prejuízo será de R$ 0,11 por opção, o investimento feito.

Se o investidor, entretanto, acreditasse em alta muito forte, por exemplo, de R$ 2,31 para R$ 2,80, a melhor estratégia seria a de simplesmente comprar a opção de compra de preço de exercício R$ 2,40, pagando um prêmio de R$ 0,12 por opção. Se a alta esperada se confirmar, ele receberá R$ 0,40 por opção, obtendo uma rentabilidade de 233,33% no período. Na trava de alta, a rentabilidade continuaria a mesma, 81,8%.

Exemplo 14.1

Numa determinada data, um investidor aposta que a ação estará a R$ 2,40 ou acima no vencimento das opções.

Dados na data inicial:

Ação = R$ 2,31

$$\text{Opções de compra} \begin{cases} E = 2{,}20 & p = 0{,}23 \\ E = 2{,}40 & p = 0{,}12 \end{cases}$$

Trava de alta na data inicial:

$$\begin{cases} C \Rightarrow \text{opção de compra } E = 2{,}20 & (0{,}23) \\ V \Rightarrow \text{opção de compra } E = 2{,}40 & \underline{0{,}12} \\ & (0{,}11) \end{cases}$$

Resultados possíveis:

Ação à vista (R$)	Valor da opção E = 2,20	E = 2,40	Resultado (R$)
2,00	0	0	(0,11)
2,20	0	0	(0,11)
2,40	0,20	0	0,20 − 0,11 = 0,09
2,60	0,40	0,20	0,40 − 0,20 − 0,11 = 0,09

Possibilidade de ganho: $\dfrac{0{,}09}{0{,}11} = 81{,}8\%$

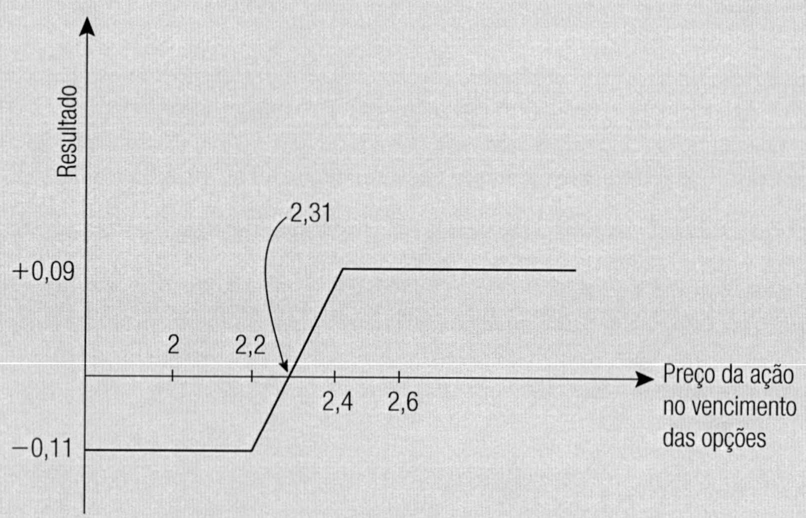

Figura 14.1 Trava de alta com opções de compra.

14.3 Trava de baixa com opções de compra

Essa estratégia envolve a venda de uma opção de compra de preço de exercício mais baixo e a compra de uma opção de compra de preço de exercício mais alto. Como a opção de compra de preço de exercício mais baixo tem um prêmio maior que a opção de compra de preço de exercício mais alto, a estratégia envolve um recebimento na data zero se o investidor possuir a quantidade correspondente de ações, ou seja, estiver coberto. Se o investidor estiver descoberto, ele deverá depositar garantias.

O investidor que monta uma trava de baixa acredita que o preço do ativo cairá e estará, na data do vencimento das opções, igual ou abaixo do preço de exercício mais baixo. Nesse caso, as duas opções não são exercidas (viram pó) e ele fica com o prêmio recebido. Se o preço do ativo subir e ficar igual ou acima do preço de exercício mais alto, ele deverá pagar a diferença de preços de exercício. Seu prejuízo estará limitado à diferença entre esse valor e o prêmio recebido no início da operação.

No exemplo a seguir, o investidor aposta, na data inicial, quando a ação estava cotada a R$ 2,31, que ela estará a R$ 2,20 ou abaixo na data do vencimento das opções. Ou seja, ele acredita em uma baixa igual ou pouco superior a $[(2{,}20/2{,}31) - 1] = -4{,}76\%$ no período. Se a baixa se confirmar, ele ficará com o prêmio de R$ 0,11. Caso a ação suba e termine cotada a R$ 2,40 ou mais, o prejuízo será de R$ 0,11 − R$ 0,20 = – R$ 0,09.

Exemplo 14.2

Um investidor numa determinada data acredita que a ação estará a R$ 2,20 ou abaixo no vencimento das opções.

Dados na data inicial:

Ação = R$ 2,31

$$\text{Opções de compra} \begin{cases} E = 2{,}20 & p = 0{,}23 \\ E = 2{,}40 & p = 0{,}12 \end{cases}$$

Trava de baixa na data inicial:

V ⇒ opção de compra E = 2,20	0,23
C ⇒ opção de compra E = 2,40	(0,12)
	0,11

Resultados possíveis:

Ação à vista (R$)	Valor da opção E = 2,20	Valor da opção E = 2,40	Resultado (R$)
2,00	0	0	0,11
2,20	0	0	0,11
2,40	(0,20)	0	−0,20 + 0,11 = (0,09)
2,60	(0,40)	0,20	−0,40 + 0,20 + 0,11 = (0,09)

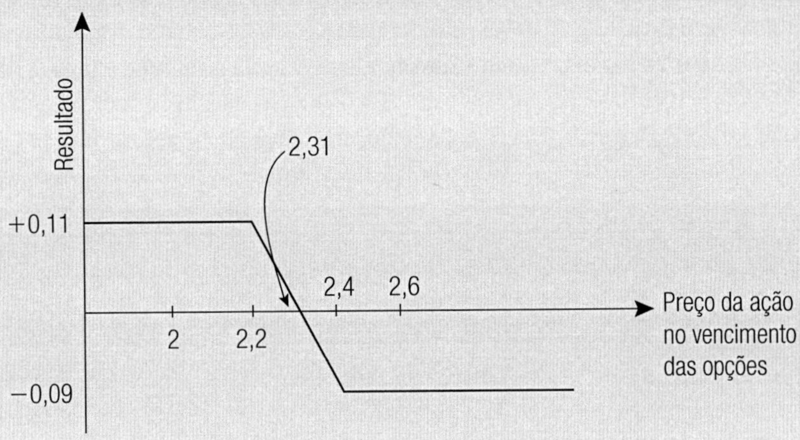

Figura 14.2 Trava de baixa com opções de compra.

14.4 Borboleta

A borboleta é uma das formas possíveis de comprar ou de vender volatilidade. O investidor que compra volatilidade aposta que o mercado vai oscilar muito, para cima ou para baixo. O investidor que vende volatilidade, ao contrário, aposta que o mercado vai oscilar pouco.

Existem duas formas de borboleta: normal e invertida. A borboleta normal é mais comum e representa uma venda de volatilidade. A borboleta invertida representa uma compra de volatilidade. Neste livro apresentaremos a borboleta normal. A borboleta invertida é simplesmente o inverso da normal.

A borboleta normal com opções de compra envolve a compra de uma opção de compra de preço de exercício mais baixo, a venda dobrada de uma opção de compra de preço de exercício intermediário e a compra de uma opção de compra de preço de exercício mais alto. Normalmente, as diferenças de preços de exercício são escolhidas iguais. Como a soma dos prêmios das opções de compra que são compradas é sempre maior que o prêmio dobrado da opção de compra que é vendida, a estratégia envolve pequeno investimento na data zero.

O investidor que monta uma borboleta normal acredita que o ativo vai oscilar pouco e estará, na data do vencimento das opções, próximo do preço de exercício intermediário. Nesse caso, ele recebe aproximadamente a diferença entre os preços de exercício. Se o ativo cair e ficar igual ou abaixo do preço de exercício mais baixo, o investidor perde todo o investimento feito no início da operação. Se o ativo subir e ficar igual ou acima do preço de exercício mais alto, o investidor também perderá todo o investimento feito no início da operação.

No exemplo a seguir, o investidor aposta na data inicial, quando a ação estava cotada a R$ 47,01, que ela estará próxima de R$ 48,00 na data do vencimento das opções. Ou seja, ele acredita em uma pequena oscilação de [(R$ 48,00/R$ 47,01) − 1] = 2,11% no período. O investimento inicial requerido é de R$ 0,24 por opção. Se a expectativa do investidor se confirmar, ele receberá cerca de R$ 2,00 por opção (a diferença de preços de exercício), obtendo uma rentabilidade de 733% no período. Caso a ação caia e fique a R$ 46,00 ou abaixo, ele perderá R$ 0,24 por opção, o investimento feito. Caso a ação suba e fique a R$ 50,00 ou acima, ele perderá também o investimento feito. A área de lucro está compreendida entre R$ 46,24 e R$ 49,76 para a cotação da ação no vencimento das opções.

Exemplo 14.3

Em determinada data, um investidor aposta que a ação estará em torno de R$ 48,00 no vencimento das opções.

Dados na data inicial:

Ação = R$ 47,01

$$\text{Opções de compra} \begin{cases} E = 46 & p = 3{,}28 \\ E = 48 & p = 2{,}17 \\ E = 50 & p = 1{,}30 \end{cases}$$

Borboleta na data inicial:

$$\begin{cases} C \Rightarrow E = 46 & (3{,}28) \\ V \Rightarrow 2 \times E = 48 & 4{,}34 \\ C \Rightarrow E = 50 & \underline{(1{,}30)} \\ & (0{,}24) \end{cases}$$

Resultados possíveis:

Ação à vista (R$)	Valor da opção E = 46	E = 48	E = 50	Resultado (R$)
46,00	0	0	0	(0,24)
48,00	2	0	0	1,76
50,00	4	2	0	4 − 2(2) − 0,24 = (0,24)

Possibilidade de ganho: $\frac{2{,}00 - 0{,}24}{0{,}24} \cong 733\%$

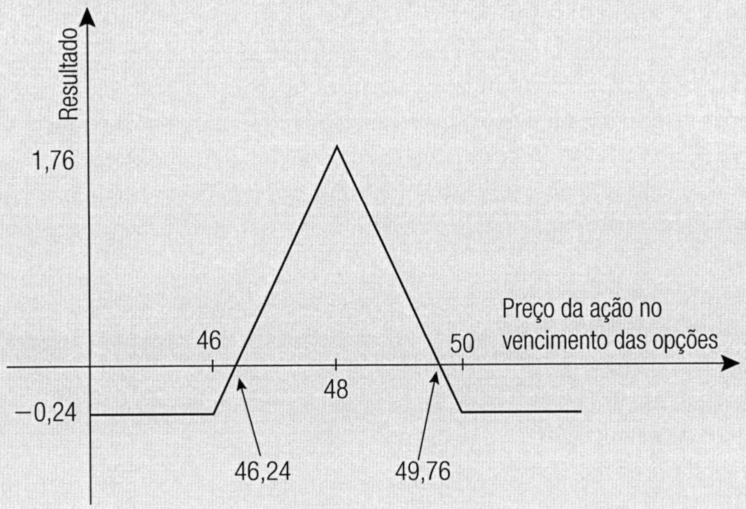

Figura 14.3 Borboleta.

14.5 Condor

O condor é uma operação semelhante à borboleta. A diferença é que, em vez de apostar que o ativo estará, no vencimento das opções, próximo do preço de exercício intermediário, aposta-se que ele estará em uma região mais ampla, próxima de dois preços de exercício intermediários.

O condor com opções de compra envolve a compra de uma opção de compra de preço de exercício mais baixo, a venda de uma opção de compra de preço de exercício acima, a venda de uma opção de compra de preço de exercício mais acima ainda e, finalmente, a compra de uma opção de compra de preço de exercício mais alto. Normalmente, as diferenças de preços de exercício são escolhidas iguais. O condor é, na realidade, uma combinação de uma trava de alta com uma trava de baixa.

A soma dos prêmios das opções de compra que são compradas é sempre maior que a dos prêmios das opções de compra que são vendidas. Portanto, a estratégia envolve certo investimento na data zero.

Se o ativo cair e ficar igual ou abaixo do preço de exercício mais baixo, o investidor perderá todo o investimento feito no início da operação. Se o ativo se mantiver igual ou entre os preços de exercício intermediários, o lucro da estratégia será máximo e o investidor receberá a diferença entre os preços de exercício. Se o ativo subir e ficar igual ou acima do preço de exercício mais alto, o investidor perderá todo o investimento feito no início da operação.

No exemplo a seguir, o investidor aposta na data inicial, quando a ação estava cotada a R$ 47,01, que a ação estará entre R$ 46,00 e R$ 48,00, ou pouco abaixo ou pouco acima, na data do vencimento das opções. Ou seja, ele acredita em uma pequena oscilação entre uma queda de [(R$ 46,00/R$ 47,01) − 1] = –2,15% e uma alta de [(R$ 48,00/R$ 47,01) − 1] = +2,13% no período. O investimento inicial requerido é de R$ 0,55 por opção. Se a expectativa do investidor se confirmar, ele receberá cerca de R$ 2,00 por opção (a diferença de preços de exercício), obtendo uma rentabilidade de 263,6% no período. Caso a ação caia e fique a R$ 44,00 ou abaixo, ele perderá R$ 0,55 por opção, o investimento feito. Caso a ação suba e fique a R$ 50,00 ou acima, ele perderá também o investimento feito. A área de lucro está compreendida entre R$ 44,55 e R$ 49,45 para a cotação da ação no vencimento das opções.

Exemplo 14.4

Na data inicial, um investidor aposta que a ação estará entre R$ 46,00 e R$ 48,00 no vencimento das opções.

Dados na data inicial:

Ação = R$ 47,01

$$\text{Opções de compra}\begin{cases} E = 44 & p = 4{,}70 \\ E = 46 & p = 3{,}28 \\ E = 48 & p = 2{,}17 \\ E = 50 & p = 1{,}30 \end{cases}$$

Condor na data inicial:

$$\begin{cases} C \Rightarrow E = 44 & (4{,}70) \\ V \Rightarrow E = 46 & 3{,}28 \\ V \Rightarrow E = 48 & 2{,}17 \\ C \Rightarrow E = 50 & (1{,}30) \end{cases}$$

Resultados possíveis:

Ação à vista (R$)	Valor da opção E = 44	E = 46	E = 48	E = 50	Resultado (R$)
42,00	0	0	0	0	(0,55)
44,00	0	0	0	0	(0,55)
46,00	2	0	0	0	2 − 0,55 = 1,45
48,00	4	2	0	0	4 − 2 − 0,55 = 1,45
50,00	6	4	2	0	6 − 4 − 2 − 0,55 = (0,55)
52,00	8	6	4	2	8 − 6 − 4 + 2 − 0,55 = (0,55)

Possibilidade de ganho: $\dfrac{2{,}00 - 0{,}55}{0{,}55} \cong 263{,}6\%$

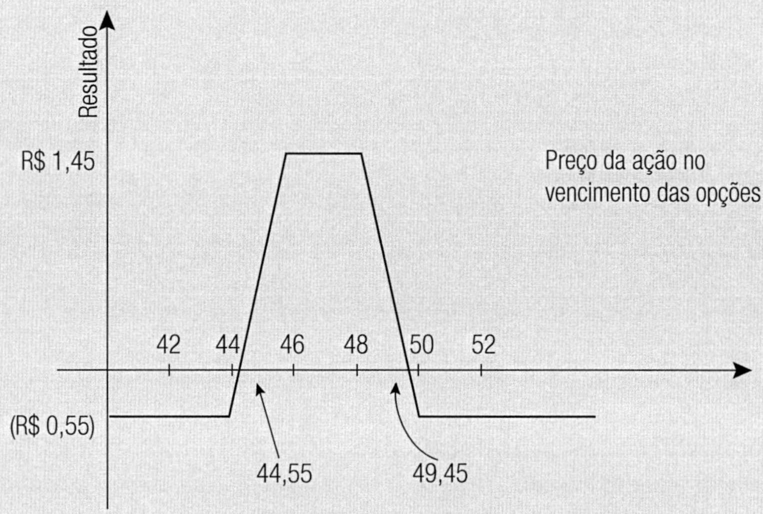

Figura 14.4 Condor.

14.6 Exercícios resolvidos

14.6.1 Na data inicial, um investidor que possui R$ 6.000,00 para investir acredita que determinada ação estará a R$ 2,60 ou acima no vencimento das opções e monta a seguinte operação:

Dados na data inicial:

Ação = R$ 2,31

Opções de compra $\begin{cases} E = 2{,}40 & p = 0{,}12 \\ E = 2{,}60 & p = 0{,}06 \end{cases}$

Trava de alta na data inicial:

C ⇒ 100.000 E=2,40	(R$ 12.000,00)
V ⇒ 100.000 E=2,60	R$ 6.000,00
	(R$ 6.000,00)

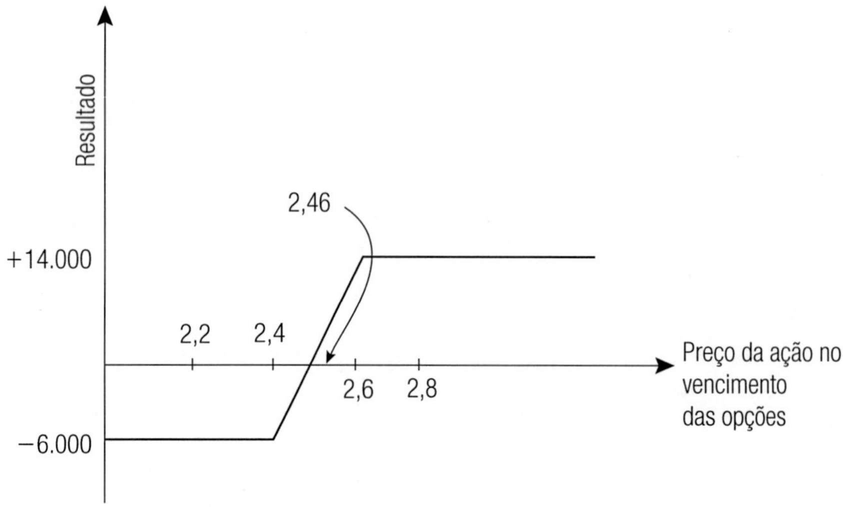

14.6.2 Um investidor, na data inicial, acredita que determinada ação estará abaixo de R$ 2,20 no vencimento das opções. O investidor quer montar uma trava de baixa, operando 100.000 opções de cada série.

Dados na data inicial:

Ação = R$ 2,31

Opções de compra $\begin{cases} E = 2{,}20 & p = 0{,}23 \\ E = 2{,}40 & p = 0{,}12 \end{cases}$

Trava de baixa na data inicial:

V ⇒ 100.000 E=2,20	R$ 23.000,00
C ⇒ 100.000 E=2,40	(R$ 12.000,00)
	R$ 11.000,00

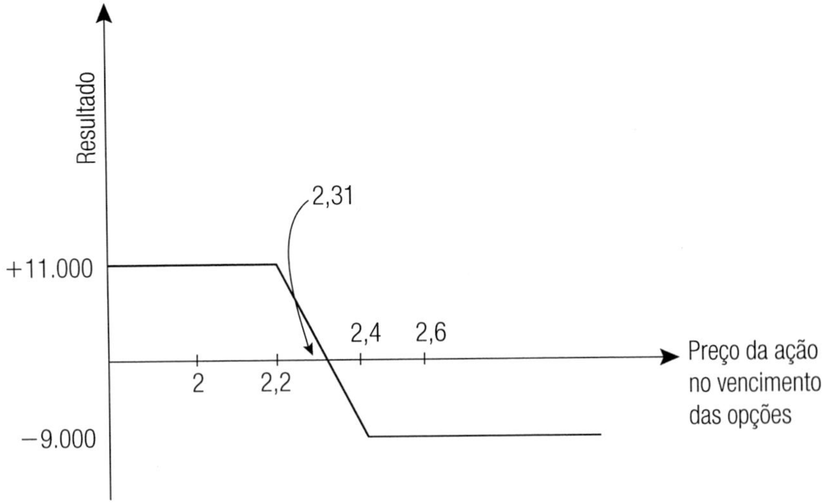

14.6.3 Um investidor, na data inicial, acredita que determinada ação estará em torno de R$ 46,00 no vencimento das opções. O investidor possui R$ 3.100,00 e deseja montar uma operação borboleta

Dados na data inicial:

Ação = R$ 47,01

$$\text{Opções de compra}\begin{cases} E = 44 & p = 4{,}70 \\ E = 46 & p = 3{,}28 \\ E = 48 & p = 2{,}17 \end{cases}$$

Borboleta na data inicial:

$$\begin{cases} C \Rightarrow E = 44 & (4{,}70) \\ V \Rightarrow 2 \times E = 46 & 6{,}56 \\ C \Rightarrow E = 48 & \underline{(2{,}17)} \end{cases}$$
$$(0{,}31)$$

Ordem do investidor para a corretora:

$$\begin{cases} C \Rightarrow 10.000\ E = 44 & (R\$\ 47.000{,}00) \\ V \Rightarrow 20.000\ E = 46 & R\$\ 65.600{,}00 \\ C \Rightarrow 10.000\ E = 48 & \underline{(R\$\ 21.700{,}00)} \end{cases}$$
$$(R\$\ 3.100{,}00)$$

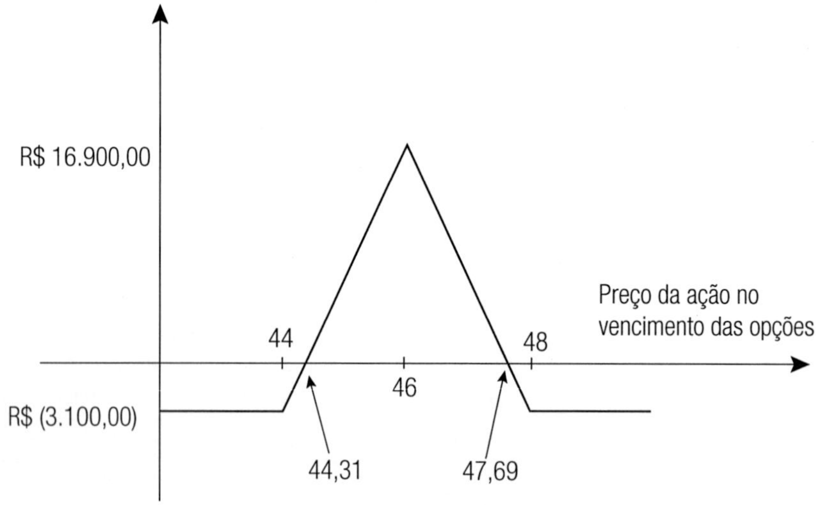

14.6.4 Um investidor, em determinada data, acredita que uma ação estará entre R$ 48,00 e R$ 50,00 no vencimento das opções. O investidor possui R$ 9.200,00 e deseja montar uma operação condor.

Dados na data inicial:

Ação = R$ 47,01

Opções de compra:

Opções de compra	E = 46	p = 3,28
	E = 48	p = 2,17
	E = 50	p = 1,30
	E = 52	p = 0,65

Condor na data inicial:

C ⇒ E = 46	(3,28)	trava de alta
V ⇒ E = 48	2,17	
V ⇒ E = 50	1,30	trava de baixa
C ⇒ E = 52	(0,65)	
	(0,46)	

Ordem do investidor para a corretora:

C ⇒ 20.000 E = 46	(R$ 65.600,00)
V ⇒ 20.000 E = 48	R$ 43.400,00
V ⇒ 20.000 E = 50	R$ 26.000,00
C ⇒ 20.000 E = 52	(R$ 13.000,00)
	(R$ 9.200,00)

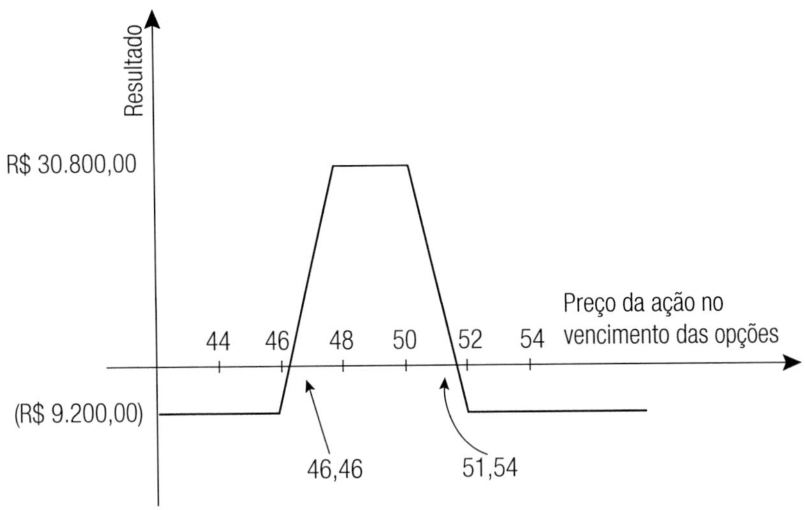

14.7 Exercícios propostos

14.1 Em determinada data, um investidor acredita que uma ação estará a R$ 49,00 ou pouco acima no vencimento das opções. O investidor deseja investir R$ 11.700,00. Monte uma trava de alta. Qual o ganho máximo, a perda máxima do investidor e a partir de qual valor da ação o investidor terá lucro com a operação?

Dados na data inicial:

Ação = R$ 47,34

$$\text{Opções de compra}\begin{cases} E = 46 & p = 3{,}34 \\ E = 48 & p = 2{,}17 \end{cases}$$

14.2 Em determinada data, um investidor acredita que uma ação estará a R$ 46,00 ou abaixo no vencimento das opções. O investidor deseja operar 10.000 opções. Monte uma trava de baixa. Qual o ganho máximo, a perda máxima e a partir de qual valor da ação o investidor terá lucro com a operação?

Dados na data inicial:

Ação = R$ 47,34

$$\text{Opções de compra}\begin{cases} E = 46 & p = 3{,}34 \\ E = 48 & p = 2{,}17 \end{cases}$$

14.3 Um investidor aposta, na data inicial, que determinada ação estará aproximadamente a R$ 2,40 na data de vencimento das opções. Ele deseja investir R$ 400,00. Monte uma borboleta. Qual o ganho máximo, a perda máxima e entre que valores da ação o investidor terá lucro com a operação?

Dados na data inicial:
Ação = R$ 2,28

$$\text{Opções de compra}\begin{cases} E = 2{,}20 & p = 0{,}21 \\ E = 2{,}40 & p = 0{,}11 \\ E = 2{,}60 & p = 0{,}05 \end{cases}$$

14.4 Um investidor aposta, em determinada data, que uma ação estará entre R$ 2,20 e R$ 2,40 na data de vencimento das opções. Ele deseja investir R$ 500,00. Monte um condor. Qual o ganho máximo, a perda máxima e entre que valores da ação o investidor terá lucro com a operação?

Dados na data inicial:
Ação = R$ 2,28

$$\text{Opções de compra}\begin{cases} E = 2{,}00 & p = 0{,}37 \\ E = 2{,}20 & p = 0{,}21 \\ E = 2{,}40 & p = 0{,}11 \\ E = 2{,}60 & p = 0{,}05 \end{cases}$$

Operações estruturadas com opções – Parte II

capítulo 15

15.1 Introdução

No Capítulo 14, começamos a mostrar como as opções podem ser combinadas em operações estruturadas para atingir objetivos específicos. Neste capítulo, aprofundamos essa discussão, mostrando outros tipos de estratégias. As estratégias que apresentamos são todas destinadas a apostar em aumento ou diminuição da oscilação dos preços no mercado. Ou seja, são operações destinadas a comprar e a vender volatilidade. As seguintes estratégias são detalhadas: *straddle*, *strangle*, *call ratio spread* e *backspread*, *spread* calendário e *spread* diagonal.

Nos exemplos das operações estruturadas com opções deste capítulo, trabalharemos com as cotações abaixo de uma determinada ação e das suas opções de compra e de venda na data inicial:

Ação = R$ 42,27

Opções de compra do primeiro vencimento (mais curto):

E = 42	Prêmio = R$ 1,84	Delta = 0,60	Teta = −0,0258
E = 43,48	Prêmio = R$ 1,03	Delta = 0,4333	Teta = −0,0229
E = 44,74	Prêmio = R$ 0,53	Delta = 0,2833	Teta = −0,0176
E = 47,48	Prêmio = R$ 0,11	Delta = 0,081	Teta = −0,007

Opções de venda do primeiro vencimento (mais curto):

E = 42	Prêmio = R$ 1,57
E = 43,48	Prêmio = R$ 2,24

Opções de compra do segundo vencimento (mais distante):

E = 43,48	Prêmio = R$ 1,66	Delta = 0,4919	Teta = −0,0199
E = 45,48	Prêmio = R$ 0,84	Delta = 0,3186	Teta = −0,0156

15.2 Compra de *straddle*

A compra de *straddle* é uma estratégia de compra de volatilidade, na qual se espera que a ação suba ou caia muito. Quanto maior a alta ou a queda do preço da ação, maior é o lucro da operação. Envolve a compra de opção de compra e a compra de opção de venda de mesmo preço de exercício. É uma estratégia cara, pois envolve a compra de duas opções. Daí a necessidade da expectativa de uma alta forte ou de uma queda acentuada do preço da ação-objeto. O risco da estratégia está limitado aos prêmios pagos nas duas opções, investimento que pode ser totalmente perdido se as duas opções virarem "pó".

Exemplo 15.1

Na data inicial, prevendo um movimento forte de alta ou de baixa, o investidor compra um *straddle*, utilizando as opções de compra e de venda de preço de exercício R$ 43,48. Sendo assim, compra a opção de compra de E = 43,48 a R$ 1,03 e compra a opção de venda de E = 43,48 a R$ 2,24. Portanto, o "investimento" por unidade de opção é de R$ 1,03 + R$ 2,24 = R$ 3,27. Supondo diversos valores para a ação no dia do vencimento das opções, tem-se:

Ação	36,21	38,21	40,21	43,48	46,75	48,75	50,75
C opção de compra (1)	(1,03)	(1,03)	(1,03)	(1,03)	2,24	4,24	6,24
C opção de venda (2)	5,03	3,03	1,03	(2,24)	(2,24)	(2,24)	(2,24)
Resultado = (1) + (2)	4,00	2,00	0	(3,27)	0	2,00	4,00

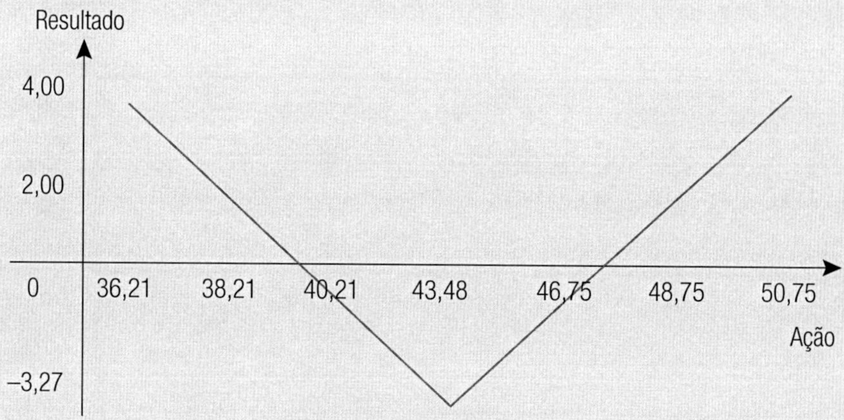

Figura 15.1 Compra de *straddle.*

Portanto, nessa operação de compra de *straddle,* o máximo que o investidor poderá perder é R$ 3,27 por opção, caso a ação esteja a R$ 43,48 no vencimento das opções. Se a ação estiver acima de R$ 40,21 e abaixo de R$ 46,75, a operação terminará dando prejuízo. Caso esteja exatamente a R$ 40,21 ou a R$ 46,75, o resultado será nulo. A operação dará lucro se a ação estiver abaixo de R$ 40,21 ou acima de R$ 46,75.

15.3 Venda de *straddle*

A venda de *straddle* é uma estratégia de venda de volatilidade, na qual se espera que a ação não oscile muito. Envolve a venda de opção de compra e a de opção de venda de mesmo preço de exercício. O objetivo do investidor é que a ação-objeto esteja próximo do preço de exercício das opções vendidas, de forma que elas virem "pó". É uma estratégia bastante arriscada, pois o investidor está vendido a descoberto nas duas opções.

Exemplo 15.2

Em determinada data, prevendo um movimento mais lateral, o investidor vende um *straddle*, utilizando as opções de compra e de venda de preço de exercício R$ 43,48. Sendo assim, vende a opção de compra E = 43,48 a R$ 1,03 e vende a opção de venda E = 43,48 a R$ 2,24. Portanto, o "recebimento" por unidade de opção é de R$ 1,03 + R$ 2,24 = R$ 3,27. Supondo diversos valores para a ação no dia do vencimento das opções, tem-se:

Ação	36,21	38,21	40,21	43,48	46,75	48,75	50,75
V opção de compra (1)	1,03	1,03	1,03	1,03	(2,24)	(4,24)	(6,24)
V opção de venda (2)	(5,03)	(3,03)	(1,03)	2,24	2,24	2,24	2,24
Resultado = (1) + (2)	(4,00)	(2,00)	0	3,27	0	(2,00)	(4,00)

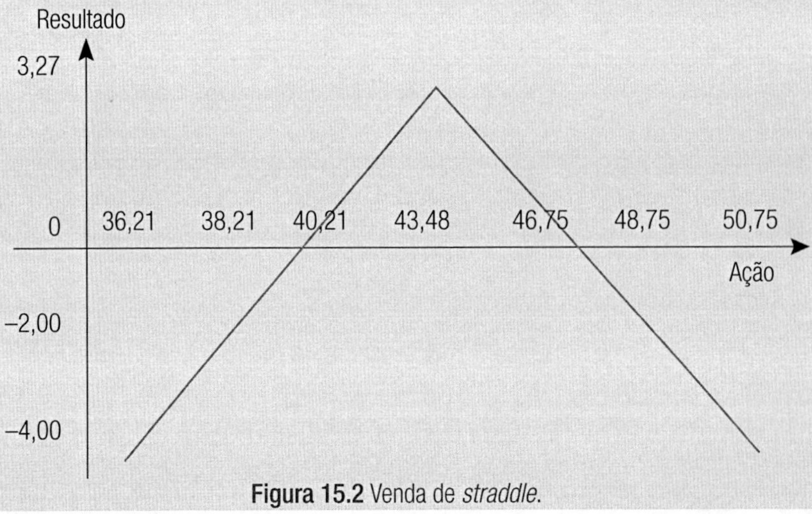

Figura 15.2 Venda de *straddle*.

Portanto, nessa operação de venda de *straddle,* o máximo que o investidor poderá ganhar é R$ 3,27 por opção, caso a ação esteja a R$ 43,48 no vencimento das opções. Se a ação estiver acima de R$ 40,21 e abaixo de R$ 46,75, a operação terminará dando lucro. Caso esteja exatamente a R$ 40,21 ou a R$ 46,75, o resultado será nulo. A operação dará prejuízo se a ação estiver abaixo de R$ 40,21 ou acima de R$ 46,75.

15.4 Compra de *strangle*

A compra de *strangle* é uma operação de compra de volatilidade semelhante à compra de *straddle.* A diferença é que são utilizadas opções com prêmios menores, portanto mais OTM. Quanto maior a alta ou a queda do preço da ação, maior é o lucro da operação. O risco da estratégia está limitado aos prêmios pagos nas duas opções, investimento que pode ser totalmente perdido se as duas opções virarem "pó".

Exemplo 15.3

Em determinada data, prevendo um movimento forte de alta ou de baixa, o investidor compra um *strangle*, utilizando a opção de compra de preço de exercício R$ 44,74 e a opção de venda de preço de exercício R$ 42,00. Sendo assim, compra a opção de compra E = 44,74 a R$ 0,53 e a opção de venda E = 42,00 a R$1,57. Portanto, o "investimento" por cada unidade de opção é de R$ 0,53 + R$ 1,57 = R$ 2,10. Supondo diversos valores para a ação no dia do vencimento das opções, tem-se:

Ação	37,90	39,90	42,00	43,48	44,74	46,84	48,84
C opção de compra (1)	(0,53)	(0,53)	(0,53)	(0,53)	(0,53)	1,57	3,57
C opção de venda (2)	2,53	0,53	(1,57)	(1,57)	(1,57)	(1,57)	(1,57)
Resultado = (1) + (2)	2,00	0	(2,10)	(2,10)	(2,10)	0	2,00

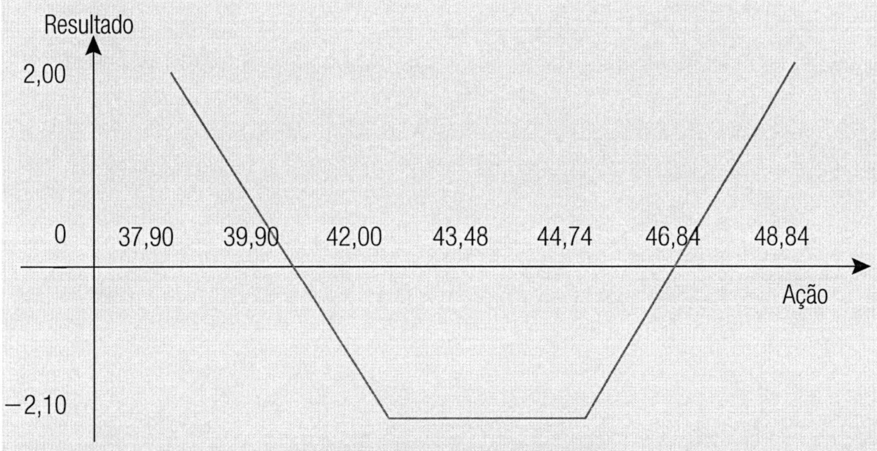

Figura 15.3 Compra de *strangle.*

Portanto, nessa operação de compra de *strangle*, o máximo que o investidor poderá perder é R$ 2,10 por opção, caso a ação esteja entre R$ 42,00 e R$ 44,74 no vencimento das opções. Se a ação estiver acima de R$ 39,90 e abaixo de R$ 46,84, a operação terminará dando prejuízo. Caso esteja exatamente a R$ 39,90 ou a R$ 46,84, o resultado será nulo. A operação dará lucro se a ação estiver abaixo de R$ 39,90 ou acima de R$ 46,84.

15.5 Venda de *strangle*

A venda de *strangle* é uma operação de venda de volatilidade semelhante à venda de *straddle*. A diferença é que são utilizadas opções com prêmios menores, portanto mais fora do dinheiro. O objetivo do investidor é que a ação-objeto esteja na faixa que vai de um preço de exercício ao outro, de forma que elas virem "pó". É uma estratégia bastante arriscada, pois o investidor está vendido a descoberto nas duas opções.

Exemplo 15.4

Em determinada data, prevendo um movimento mais lateral, o investidor vende um *strangle*, utilizando a opção de compra de preço de exercício R$ 44,74 e a opção de venda de preço de exercício R$ 42,00. Sendo assim, vende a opção de compra E = 44,74 e vende a opção de venda E = 42,00. Portanto, o "recebimento" por unidade de opção é de R$ 0,53 + R$ 1,57 = R$ 2,10. Supondo diversos valores para a ação no dia do vencimento das opções, tem-se:

Ação	37,90	39,90	42,00	43,48	44,74	46,84	48,84
V opção de compra (1)	0,53	0,53	0,53	0,53	0,53	(1,57)	(3,57)
V opção de venda (2)	(2,53)	(0,53)	1,57	1,57	1,57	1,57	1,57
Resultado = (1) + (2)	(2,00)	0	2,10	2,10	2,10	0	(2,00)

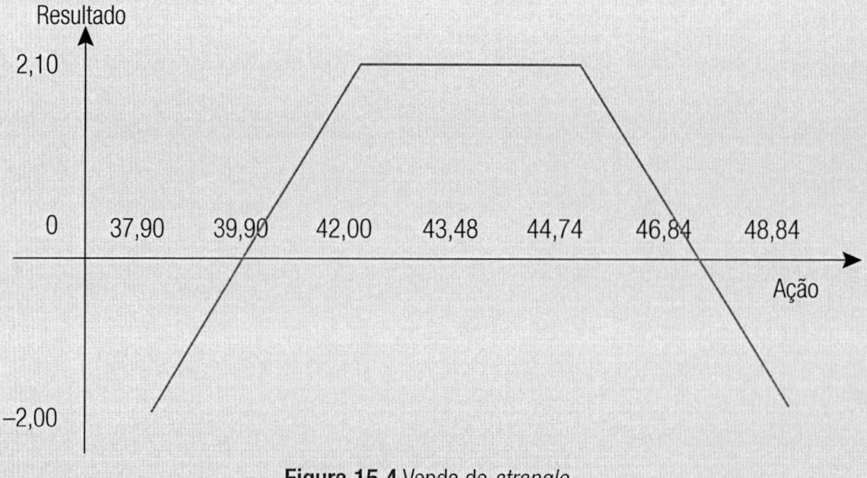

Figura 15.4 Venda de *strangle*.

Portanto, nessa operação de venda de *strangle*, o máximo que o investidor poderá ganhar é R$ 2,10 por opção, caso a ação esteja entre R$ 42,00 e R$ 44,74 no vencimento das opções. Se a ação estiver acima de R$39,90 e abaixo de R$ 46,84, a operação terminará dando lucro. Caso esteja exatamente a R$39,90 ou a R$ 46,84, o resultado será nulo. A operação dará prejuízo se a ação estiver abaixo de R$ 39,90 ou acima de R$ 46,84.

15.6 *Call ratio spread*

A operação de *call ratio spread* envolve a compra de uma opção de compra de preço de exercício mais baixo e a venda de uma quantidade maior de opções de compra de preço de exercício mais alto de mesma data de vencimento, de forma que se mantenha o delta neutro. É uma operação que proporciona lucro máximo quando a ação, no vencimento, está próxima do preço de exercício mais alto. É uma estratégia bastante arriscada, pois a venda mais que proporcional da opção de preço de exercício mais alto pode trazer prejuízos consideráveis, caso a alta da ação venha a ser acentuada.

Exemplo 15.5

Em determinada data, o investidor aposta que a ação estará, no vencimento das opções, próxima de R$ 44,74. Com essa expectativa, compra a opção de compra E = 43,48 e, para manter delta neutro, vende 0,4333/0,2833 = 1,53 vezes aproximadamente a opção de compra E = 44,74. A estratégia envolve um investimento de R$ 0,2191(−R$ 1,03 + 1,53 × 0,53) por opção na data zero. Supondo diversos valores para a ação no dia de vencimento das opções, tem-se:

Ação	40,00	42,00	43,48	44,74	46,00	48,00	50,00
C 1 opção de compra E = 43,48 (1)	(1,03)	(1,03)	(1,03)	0,23	1,49	3,49	5,49
V 1,53 opção de compra E = 44,74 (2)	0,8109	0,8109	0,8109	0,8109	(1,1169)	(4,1769)	(7,2369)
Resultado = (1) + (2)	(0,2191)	(0,2191)	(0,2191)	1,0409	0,3731	(0,6869)	(1,7469)

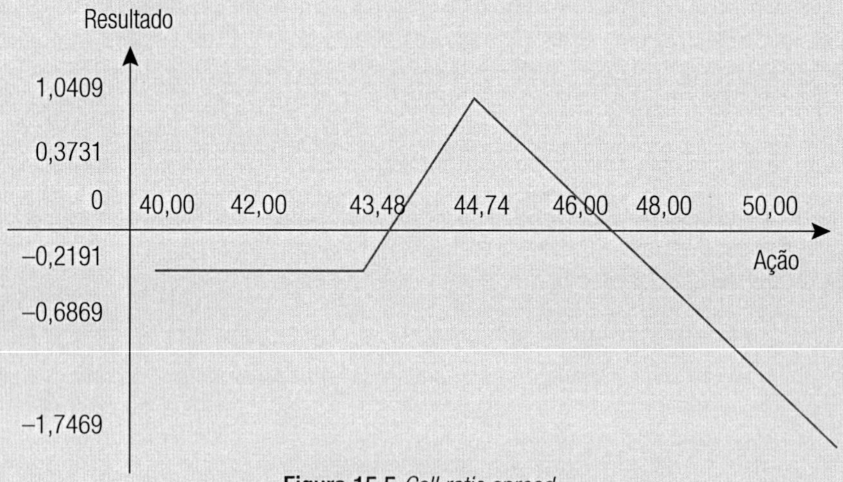

Figura 15.5 *Call ratio spread.*

Portanto, nessa operação de *call ratio spread,* o máximo que o investidor pode ganhar é R$ 1,0409 por opção, caso a ação esteja a R$ 44,74 na data do vencimento das opções. Caso a ação esteja a R$ 43,48 ou abaixo, o investidor perde todo o investimento feito de R$ 0,2191. O pior cenário, no entanto, é o da alta acentuada da ação, pois a perda na posição vendida na opção de compra E = 44,74 supera de forma crescente o ganho na posição comprada na opção de compra E = 43,48.

15.7 *Call ratio backspread*

A operação de *call ratio backspread* envolve a venda de uma opção de compra de preço de exercício mais baixo e a compra de uma quantidade maior de opções de compra de preço de exercício mais alto de mesma data de vencimento, de forma que se mantenha o delta neutro. É uma operação que oferece a possibilidade de ganho ilimitado em um mercado em alta e risco limitado. É exatamente o inverso da operação de *call ratio spread.*

Exemplo 15.6

Em determinada data, o investidor aposta que a ação poderá subir muito ou ficar relativamente estável. Só não acredita em alta moderada. Com essa expectativa, vende a opção de compra E = 43,48 e, para manter delta neutro, compra 0,4333/0,2833 = 1,53 vezes aproximadamente a opção de compra E = 44,74. A estratégia envolve um recebimento de R$ 0,2191(R$ 1,03 − 1,53 × 0,53) por opção na data zero. Supondo diversos valores para a ação no dia de vencimento das opções, tem-se:

Ação	40,00	42,00	43,48	44,74	46,00	48,00	50,00
V 1 opção de compra E = 43,48 (1)	1,03	1,03	1,03	(0,23)	(1,49)	(3,49)	(5,49)
C 1,53 opção de compra E = 44,74 (2)	(0,8109)	(0,8109)	(0,8109)	(0,8109)	1,1169	4,1769	7,2369
Resultado = (1) + (2)	0,2191	0,2191	0,2191	(1,0409)	(0,3731)	0,6869	1,7469

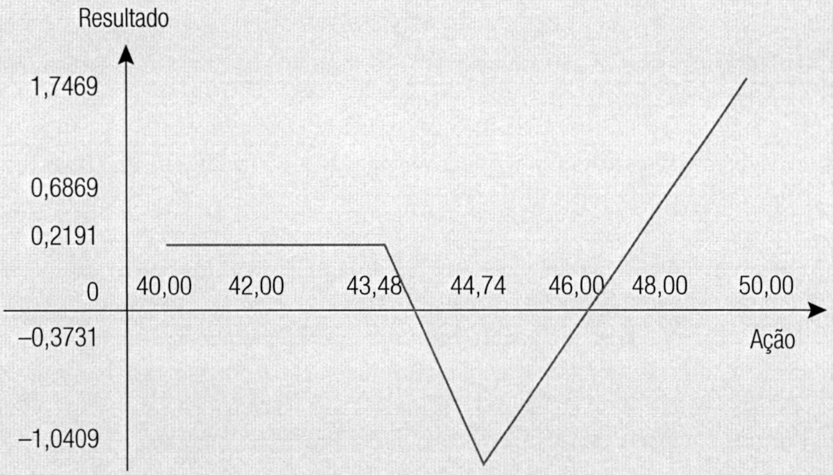

Figura 15.6 *Call ratio backspread.*

Portanto, nessa operação de *call ratio backspread,* o máximo que o investidor pode perder é R$ 1,0409 por opção, caso a ação esteja a R$ 44,74 na data do vencimento das opções. Caso a ação esteja a R$ 43,48 ou abaixo, o investidor ganha o prêmio recebido de R$ 0,2191. O melhor cenário, no entanto, é o da alta acentuada da ação, pois o ganho na posição comprada em opção de compra E = 44,74 supera de forma crescente a perda na posição vendida em opção de compra E = 43,48.

15.8 *Spread* calendário

O *spread* calendário consiste em comprar a opção de compra de prazo para o vencimento mais longo e vender a opção de compra de prazo mais curto para o vencimento, ambas com mesmo preço de exercício. A estratégia deve ser utilizada em mercados nos quais não se espera muita volatilidade, e o ganho vem do fato de a opção curta vendida perder valor mais rápido do que a opção longa comprada com a passagem do tempo. Essa perda com a passagem do tempo é medida pelo teta da opção, como foi mostrado no Capítulo 12.

Exemplo 15.7

Em determinada data, com a expectativa de que a ação não deverá oscilar muito, o investidor monta um *spread* calendário, vendendo a opção de compra de E = 43,48 de vencimento mais curto a R$ 1,03 e comprando a mesma quantidade da opção de compra de E = 43,48 de vencimento mais longo a R$ 1,66. O investimento feito é de −R$ 1,66 + R$ 1,03 = −R$ 0,63 por opção. Caso a ação não oscile muito, ele deverá ganhar por dia a diferença dos tetas por opção. Ou seja, deverá ganhar R$ 0,0229 –R$ 0,0199 = R$ 0,003 por opção em cada dia útil.

15.9 *Spread* diagonal

O *spread* diagonal é parecido com o *spread* calendário, na medida em que envolve a compra de uma opção de compra de prazo mais longo para o vencimento e a venda de uma opção de compra de prazo mais curto para o vencimento. A diferença está no fato de os preços de exercício serem diferentes: a opção de compra mais longa tem preço de exercício maior do que a opção de compra mais curta. Sendo assim, em mercados nos quais não se espera muita volatilidade, o ganho com a passagem do tempo é ainda maior do que no *spread* calendário, pois a diferença dos tetas é maior. No entanto, o risco também é maior, pois, em caso de alta da ação, a perda na opção mais curta na qual ele está vendido será maior do que o ganho na opção mais longa na qual ele está comprado.

Exemplo 15.8

Em determinada data, com a expectativa de que a ação não deverá oscilar muito, o investidor monta um *spread* diagonal, vendendo a opção de compra de E = 43,48 mais curta a R$ 1,03 e comprando a opção de compra de E = 45,48 de vencimento mais longo a R$ 0,84. O investidor recebe a diferença dos prêmios de R$ 1,03 − R$ 0,84 = R$ 0,19 por opção. Caso a ação não oscile muito, ele deverá ganhar por dia a diferença dos tetas por opção. Ou seja, deverá ganhar R$ 0,0229 − R$ 0,0156 = R$ 0,0073 por opção em cada dia útil.

15.10 Exercícios propostos

Em todos os exercícios propostos a seguir, deverão ser utilizados os dados das opções de compra e das opções de venda na data inicial, que estão no início deste capítulo. Desconsidere os custos operacionais.

15.1 Monte uma operação de compra de *straddle* para investidor que acredita em alta forte ou queda acentuada das ações. Utilize as opções de preço de exercício R$ 42,00. A partir de que cotações da ação no vencimento da opção ele obterá lucro?

15.2 Monte uma operação de venda de *strangle,* utilizando a opção de venda de preço de exercício R$ 42,00 e a opção de compra de preço de exercício R$ 47,48. Em que intervalo de preços da ação no vencimento das opções a operação será lucrativa?

15.3 Mostre como seria montada uma operação de *call ratio spread* com as opções de compra de E = 44,74 e E = 47,48. O lucro máximo da operação acontece em que preço da ação no vencimento das opções?

15.4 Um investidor que não espera muita volatilidade nas ações montou um *spread* diagonal com as opções de compra de E = 42 de vencimento mais curto e de E = 43,48 de vencimento mais longo. Caso estejam corretas suas expectativas, que ganho deverá obter aproximadamente por dia útil nos primeiros dias da operação?

Operações de financiamento com opções

capítulo 16

16.1 Introdução

A operação de financiamento com opções de compra é bastante comum no mercado de ações brasileiro. Essa estratégia envolve a compra de uma ação e a venda de uma opção de compra. As quantidades de ações compradas e de opções de compra vendidas devem ser iguais. A série de opção de compra escolhida pelo investidor deve ser uma que ele acredite que será exercida no vencimento das opções. Evidentemente, a estratégia envolve investimento na data zero. O investidor paga a diferença entre o preço da ação e o prêmio da opção de compra.

O investidor que monta uma operação de financiamento espera ser exercido na opção de compra, ou seja, espera entregar a ação ao titular da opção e receber o preço de exercício. O objetivo da operação é o de obter uma taxa de juro no período. Essa taxa de juro supera a taxa da renda fixa, pois existe o risco na operação de a Bolsa cair e a opção de compra não ser exercida. Nesse caso, o investidor fica com a ação e não obtém a taxa de juro que desejava, podendo até mesmo terminar com prejuízo, dependendo da intensidade da queda da Bolsa.

A taxa de juro que o investidor obtém em uma operação de financiamento depende da série de opção de compra escolhida. Quanto maior o preço de exercício, maior a taxa de juro, pois maior é o risco de a opção não ser exercida.

No exemplo a seguir, mostramos as possibilidades de operações de financiamento com uma ação e com algumas séries de opções de compra em determinada data.

Exemplo 16.1

Dados na data inicial:

Ação = R$ 2,31

Opções de compra

E = 2,00 p = R\$ 0,38
E = 2,20 p = R\$ 0,23
E = 2,40 p = R\$ 0,12
E = 2,60 p = R\$ 0,06
E = 2,80 p = R\$ 0,03

Operação de financiamento com E = 2,00:

Compra	ação	(R\$ 2,31)
Vende	opção de compra E = 2,00	R\$ 0,38
		(R\$ 1,93)

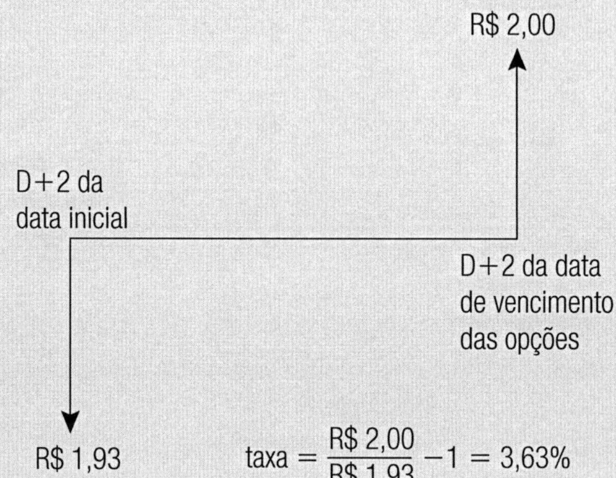

$$\text{taxa} = \frac{\text{R\$ }2{,}00}{\text{R\$ }1{,}93} - 1 = 3{,}63\%$$

Operação de financiamento com E = 2,20:

Compra	ação	(R\$ 2,31)
Vende	opção de compra E = 2,20	R\$ 0,23
		(R\$ 2,08)

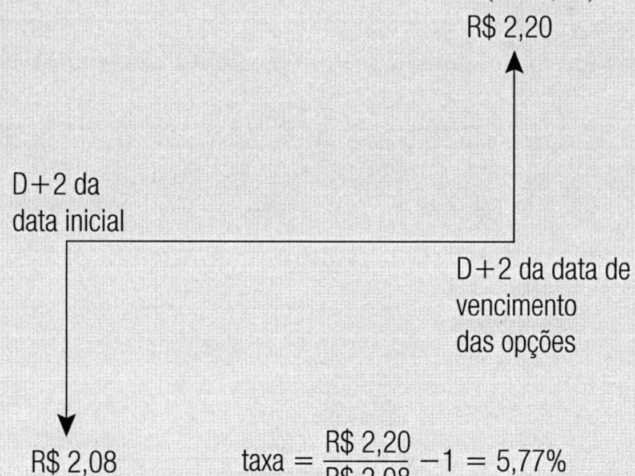

$$\text{taxa} = \frac{\text{R\$ }2{,}20}{\text{R\$ }2{,}08} - 1 = 5{,}77\%$$

Operação de financiamento com E = 2,40:

Compra	ação	(R$ 2,31)
Vende	opção de compra E = 2,40	R$ 0,12
		(R$ 2,19)

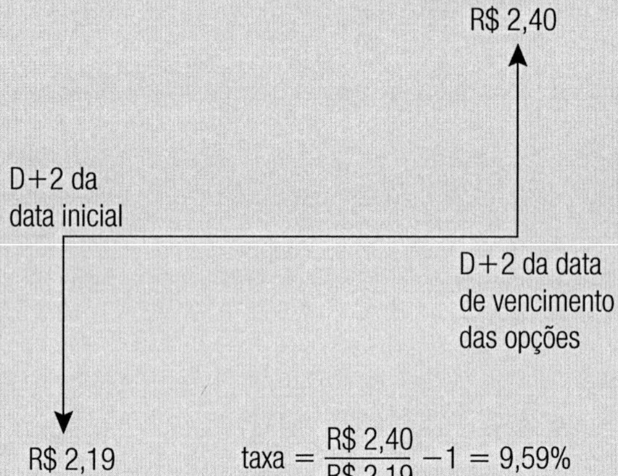

$$\text{taxa} = \frac{R\$\ 2{,}40}{R\$\ 2{,}19} - 1 = 9{,}59\%$$

Operação de financiamento com E = 2,60:

Compra	ação	(R$ 2,31)
Vende	opção de compra E = 2,60	R$ 0,06
		(R$ 2,25)

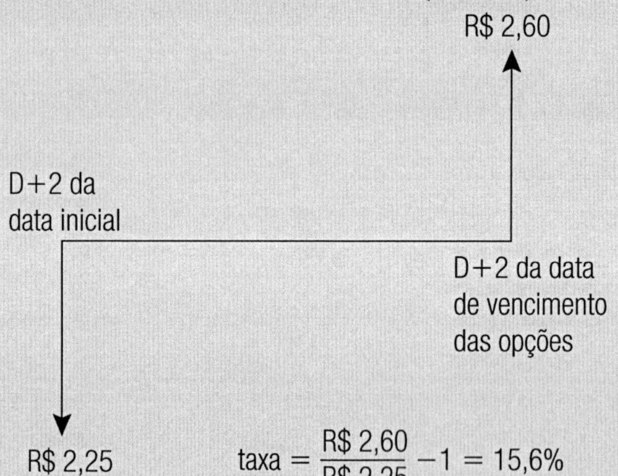

$$\text{taxa} = \frac{R\$\ 2{,}60}{R\$\ 2{,}25} - 1 = 15{,}6\%$$

Operação de financiamento com E = 2,80:

Compra	ação	(R$ 2,31)
Vende	opção de compra E = 2,80	R$ 0,03
		(R$ 2,28)

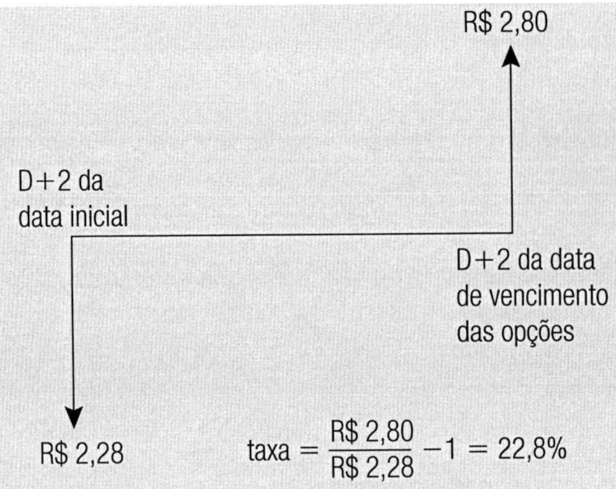

$$\text{taxa} = \frac{R\$\ 2{,}80}{R\$\ 2{,}28} - 1 = 22{,}8\%$$

Taxa de juros projetada para o período no DI futuro: 1,61%

16.2 Exercícios resolvidos

16.2.1 Em determinada data, um investidor possuindo R$ 43.800,00 para investir deseja montar uma operação de financiamento com ações e opções de compra dessas ações. Ele acredita que a ação estará, no vencimento das opções, a R$ 2,40 ou acima. Desconsidere os custos operacionais.

Dados na data inicial:

Ação = R$ 2,31

Opção de compra E = 2,40 = R$ 0,12

$$\text{Quantidade} = \frac{R\$\ 43.800{,}00}{R\$\ 2{,}31 - R\$\ 0{,}12} = 20.000$$

Operação de financiamento na data inicial:

C	20.000 ações a R$ 2,31	(R$46.200)
V	20.000 opções de compra E = 2,40 a R$ 0,12	R$ 2.400
		(R$ 43.800)

16.2.2 Em determinada data, um investidor que possuía R$ 135.510,00 para investir deseja montar uma operação de financiamento com ações e opções de compra dessas ações. Ele acredita que a ação estará, no vencimento das opções, a R$ 48,00 ou acima. Calcule a taxa que o investidor deve obter, se for exercido. Desconsidere os custos operacionais.

Dados na data inicial:

Ação = R$ 47,34

Opção de compra E = 48 = R$ 2,17

$$\text{Quantidade} = \frac{\text{R\$ } 135.510{,}00}{\text{R\$ } 47{,}34 - \text{R\$ } 2{,}17} = 3.000$$

Operação de financiamento na data inicial:

C	3.000 ações a R$ 47,34	(R$ 142.020)
V	3.000 opções de compra E = 48 a R$ 2,17	R$ 6.510
		(R$ 135.510)

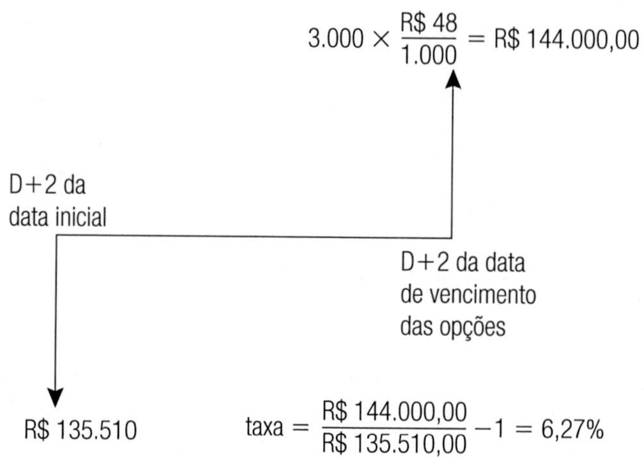

16.3 Exercícios propostos

16.1 Em determinada data, um investidor que possuía R$ 193.720 para investir deseja montar uma operação de financiamento com ações e opções de compra dessas ações. Ele acredita que a ação estará, no vencimento das opções, a R$ 51,00 ou acima. Calcule a taxa que o investidor deve obter, se for exercido. Desconsidere os custos operacionais.

Dados na data inicial:

Ação = R$ 50,80

Opção de compra: E = 51 = R$ 2,37

16.2 Calcule as taxas de juros que um investidor pode obter em operações de financiamento, em determinada data, com ações e as opções de compra dessas ações abaixo:

Dados na data inicial:

Ações = R$ 46,70

Opção de compra E = 44 = R$ 4,35

Opção de compra E = 46 = R$ 3,11

Opção de compra E = 48 = R$ 2,05

16.3 Com base nos dados do exercício anterior, monte uma operação de financiamento para um investidor que possui R$ 254.100,00 para investir. Ele acredita que a ação estará a R$ 44,00 ou acima, no vencimento das opções.

Operações de *swap*

capítulo 17

17.1 Introdução

O *swap* é um contrato derivativo no qual as partes trocam os indexadores de operações ativas e passivas sem trocar o principal. Por exemplo, uma empresa com dívida corrigida pelo CDI, temendo uma alta de juros, pode trocar o indexador do passivo por uma taxa pré. Assim, se as taxas de juros subirem no período, a perda que a empresa tem com a alta do CDI será compensada por um ganho financeiro na operação de *swap*. A taxa de juro que ela paga fica definida na data zero, na hora da montagem do *swap*.

Existem várias outras possibilidades de trocas de indexadores. As principais, além da taxa pré e da taxa do CDI, são:

- dólar comercial;
- TR – Taxa Referencial;
- Anbid – Taxa da Associação Nacional dos Bancos de Investimentos;
- TBF – Taxa Básica Financeira;
- TLP – Taxa de Longo Prazo;
- IGP – Índice Geral de Preços da Fundação Getulio Vargas.

O *swap* é uma operação extremamente simples. O agente econômico interessado em trocar o indexador de um ativo ou de um passivo normalmente procura uma instituição financeira, que monta a operação. O acordo de *swap* é, então, registrado na Cetip. No vencimento, é feito o acerto financeiro da diferença entre os indexadores aplicados sobre o principal.

O *swap* é uma operação tipicamente de balcão. Ele é feito entre duas partes, que podem ser dois clientes de uma instituição financeira ou um cliente e uma instituição financeira, e não é intercambiável. A liquidação se dá normalmente na data do vencimento. Para ser encerrado antecipadamente, é necessário um acordo entre as partes.

17.2 Exemplo de *swap* CDI × Pré

Uma empresa tem dívida de R$ 10.000.000,00 de 60 dias (43 dias úteis) a 100% do CDI e deseja fazer um *swap*, na data zero, CDI × pré, para fixar a taxa de juro que vai pagar. Suponha que o banco esteja trabalhando com as seguintes taxas:

$$\text{Banco}\begin{cases}\text{Paga } 15{,}01\%^{*} \text{ a.a.}\\ \text{Recebe } 15{,}81\%^{*} \text{ a.a.}\end{cases}\text{contra } 100\% \text{ do CDI}$$

*taxa efetiva para 252 dias úteis

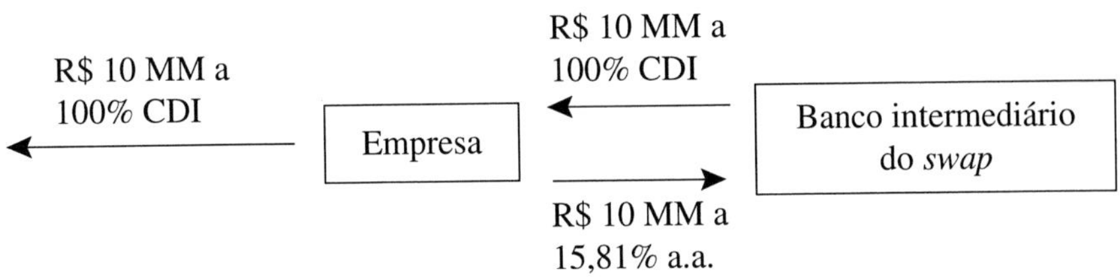

Resultado depois de 60 dias:

Supondo que 100% CDI = 2,5% efetiva no período:

Pagamento da dívida: R$ 10 MM × 1,025 = (R$ 10.250.000,00)

Valor do *swap* para a empresa: R$ 10.250.000,00 – R$ 10.000.000,00 × $(1{,}1581)^{43/252}$ =
= (R$ 3.622,00)

Valor total pago: (R$ 10.250.000,00) + (R$ 3.622,00) = (R$ 10.253.622,00) =
= 15,81% a.a.

O lucro do banco nessa operação advém do *spread* entre as taxas negociadas no *swap* – 15,81% e 15,01% – e a taxa projetada no mercado futuro de taxa DI – aproximadamente 15,41% na data da operação. O ganho do banco neste *swap* é: $(15{,}81\% - 15{,}41\%)^{43/252}$ × R$ 10.000.000,00.

17.3 Exemplos de *swap* de dólar

17.3.1 Um fundo cambial tem ativos de R$ 10.000.000,00 de 60 dias a 100% do CDI e deseja fazer um *swap* CDI × dólar para casar com seu passivo em dólar. Suponha que o banco esteja trabalhando com as seguintes taxas:

$$\text{Banco}\begin{cases}\text{Paga } 6{,}83\%^{*} \text{ a.a.}\\ \text{Recebe } 7{,}83\%^{*} \text{ a.a.}\end{cases}\text{contra } 100\% \text{ do CDI}$$

*taxa linear para 360 dias corridos acima da variação cambial

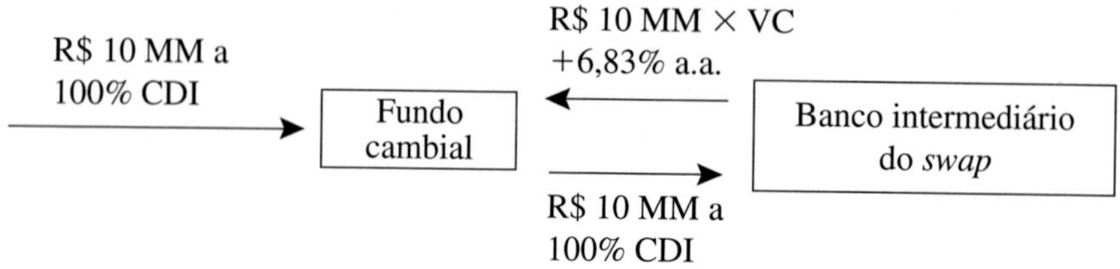

Resultado depois de 60 dias:

Supondo que 100% CDI = 2,5% efetiva no período e variação cambial (VC) = 4%:
Recebimento do ativo: R$ 10 MM × 1,025 = R$ 10.250.000,00

$$\text{Valor do } swap \text{ para o fundo: R\$ 10 MM} \times 1{,}04 \times \left(1 + \left(\frac{0{,}0683 \times 60}{360}\right)\right) -$$

$$- \text{ R\$ } 10.250.000 = \text{R\$ } 268.386{,}67$$

Valor total recebido: R$ 10.250.000,00 + R$ 268.386,67 = R$ 10.518.386,67 =
= VC + 6,83% a.a.

17.3.2 Uma empresa tem dívida de R$ 5.000.000 de 60 dias corridos que será corrigida pela variação cambial. Deseja fazer um *swap* dólar × pré na data zero, para fixar a variação cambial que pagará. Suponha que o banco esteja trabalhando com as seguintes taxas para 60 dias corridos:

$$\text{Banco} \begin{cases} \text{Paga } 14{,}30\%^* \text{ a.a.} \\ \text{Recebe } 15{,}10\%^* \text{ a.a.} \end{cases} \text{contra a variação cambial}$$

*taxa efetiva para 360 dias corridos.

O *swap* fica:

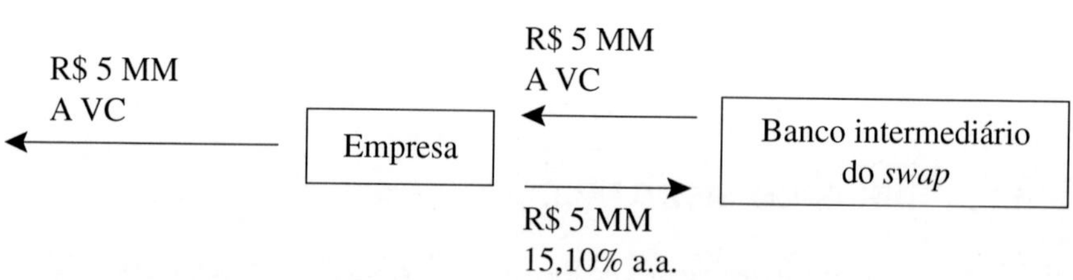

Resultado 60 dias depois, supondo que VC = 6% no período:
Pagamento da dívida: R$ 5 MM × 1,06 = (R$ 5.300.000)

Valor do *swap* para a empresa:

$$\text{R\$ } 5.300.000 - \text{R\$ 5 MM } (1{,}1510)^{60/360} = \text{R\$ } 181.423{,}19$$

Valor total pago pela empresa:

$$(\text{R\$ } 5.300.000) + \text{R\$ } 181.423{,}19 = (\text{R\$ } 5.118.576{,}81) = \text{R\$ 5 MM } (1{,}1510)^{60/360}$$

17.4 Cupom cambial sujo e limpo em operações de *swap* de dólar

Cupom cambial sujo é a taxa de juro acima da variação cambial calculada a partir do dólar Ptax (cotação média do dólar apurada pelo Banco Central) do dia anterior. Cupom cambial limpo é a taxa de juro acima da variação cambial calculada a partir do dólar do dia em que a operação está sendo feita.

Na prática, o que interessa é o cupom cambial limpo. Entretanto, frequentemente, a operação de *swap* de dólar é registrada na Cetip pelo dólar Ptax do dia anterior mais cupom cambial sujo. Havendo diferença entre a cotação do dólar no momento da operação e a cotação do dólar Ptax do dia anterior, o que é comum, o cupom cambial sujo é diferente do cupom cambial limpo. A relação entre o cupom cambial sujo em % ao ano e o cupom cambial limpo em % ao ano é dada por:

$$\frac{1 + \left(\textit{cupom cambial limpo} \times \dfrac{\textit{dias corridos}}{360}\right)}{\textit{Dólar à vista do dia}} =$$

$$= \frac{1 + \left(\textit{cupom cambial sujo} \times \dfrac{\textit{dias corridos}}{360}\right)}{\textit{Dólar Ptax do dia anterior}}$$

Exemplo de cálculo de cupom cambial sujo a partir do cupom cambial limpo em um dia de alta do dólar

Suponha uma operação de *swap* dólar × CDI de 90 dias corridos feita com o cupom cambial limpo de 2% ao ano. No momento da operação, o dólar à vista estava a R$ 2,93. O dólar Ptax do dia anterior foi R$ 2,9057. Qual foi o cupom cambial sujo de registro da operação na Cetip pela Ptax do dia anterior?

$$\frac{1 + \left(0{,}02 \times \dfrac{90}{360}\right)}{2{,}93} = \frac{1 + \left(\text{cupom cambial sujo } \times \dfrac{90}{360}\right)}{2{,}9057},$$

o que dá um cupom cambial sujo de –1,33% ao ano.

Exemplo de cálculo de cupom sujo a partir do cupom cambial limpo em um dia de queda do dólar

Suponha a mesma operação de *swap* de dólar × CDI de 90 dias corridos feita com o cupom cambial limpo de 2% ao ano do exemplo anterior. Considere, no entanto, que o dólar à vista no momento da operação estava a R$ 2,87. Qual foi o cupom cambial sujo de registro da operação na Cetip pela Ptax do dia anterior?

$$\frac{1 + \left(0{,}02 \times \dfrac{90}{360}\right)}{2{,}87} = \frac{1 + \left(\text{cupom cambial sujo} \times \dfrac{90}{360}\right)}{2{,}9057},$$

o que dá um cupom cambial sujo de 7% ao ano.

17.5 Exercícios propostos

17.1 Um investidor possui ativo de R$ 5.000.000,00, com vencimento em 90 dias, a 100% do CDI e deseja realizar um *swap* CDI × pré.

Dados:

$$\text{Banco}\begin{cases}\text{Paga} & 14{,}8\%^{*}\text{ a.a.}\\ \text{Recebe} & 16{,}2\%^{*}\text{ a.a.}\end{cases}\text{contra 100\% do CDI}$$

*taxa efetiva para 360 dias corridos.

Nesses 90 dias, a taxa efetiva do CDI no período foi de 3,80%.

Qual o valor do *swap* para o investidor e qual o valor líquido recebido após esses 90 dias?

17.2 Uma empresa possui uma dívida de R$ 3.000.000,00, com vencimento em 120 dias, a variação cambial + 8% a.a. e deseja realizar um *swap* dólar × pré para 15,8% a.a. (taxa efetiva para 360 dias corridos).

Dados:

Nesses 120 dias, a variação cambial efetiva no período foi de 9%.

Qual o valor do *swap* para a empresa e qual o valor líquido pago após esses 120 dias?

17.3 Um investidor possui ativo de R$ 1.000.000,00, com vencimento em 90 dias, pré a 16,2% a.a. e deseja realizar um *swap* pré × CDI.

Dados:

$$\text{Banco}\begin{cases}\text{Paga} & 14{,}8\%^{*}\text{ a.a.}\\ \text{Recebe} & 16{,}2\%^{*}\text{ a.a.}\end{cases}\text{contra 100\% do CDI}$$

*taxa efetiva para 360 dias corridos.

Nesses 90 dias, a taxa efetiva do CDI no período foi de 4,10%.

Qual o valor do *swap* para o investidor e qual o valor líquido recebido após esses 90 dias?

17.4 Uma empresa possui um ativo de R$ 18.000.000,00, com vencimento em 120 dias, variação cambial +9% a.a. e consegue fazer um *swap* para 100% do CDI.

Dados:

Nesses 120 dias: variação cambial efetiva no período foi de 4%
a taxa efetiva do CDI no período foi de 5,20%

Qual o valor do *swap* para a empresa e qual o valor líquido recebido após esses 120 dias?

17.5 Uma empresa fez um *swap* dólar × CDI no mercado brasileiro de uma dívida de 90 dias corridos de VC + 2% a.a. (cupom limpo) para 100% do CDI. Calcule o cupom cambial sujo de registro da operação, considerando o dólar à vista do dia = R$ 2,95 e o dólar Ptax do dia anterior = R$ 2,9327.

17.6 No exercício anterior, qual seria o cupom cambial sujo de registro da operação, considerando o dólar à vista do dia = R$ 2,90?

Value at risk

capítulo 18

18.1 Introdução

O *value at risk* (VAR) é uma medida probabilística de valores que uma empresa, um investidor ou uma instituição financeira podem perder em virtude da volatilidade do mercado. Essas perdas podem ser decorrentes de oscilações da taxa de juro e da taxa de câmbio, dos preços de *commodities* e de outros preços que possam afetá-los.

Os principais métodos utilizados no cálculo do *value at risk* são:

- covariância;
- simulação histórica;
- simulação de Monte Carlo.

18.2 Covariância

O método da covariância procura, inicialmente, estimar o risco da carteira, a partir dos riscos individuais de cada ativo na carteira (como já foi mostrado no Capítulo 12, por meio do exemplo do cálculo da volatilidade de uma ação) e da covariância ou correlação entre seus retornos. A hipótese básica utilizada nesse método é a de que os retornos dos ativos e da carteira seguem uma distribuição normal. O risco da carteira com *n* ativos é dado pela seguinte fórmula:

$$\sigma_p = \left[\sum_{k=1}^{n} X_k^2 \sigma_k^2 + \sum_{k=1}^{n} \sum_{\substack{j=1 \\ j \neq 1}}^{n} X_k X_j \sigma_{kj}\right]^{1/2}$$

em que:

σ_p = risco da carteira

X_k = porcentagem da carteira investida no ativo k

σ_k = risco do ativo k
X_j = porcentagem da carteira investida no ativo
σ_{kj} = covariância dos retornos dos ativos k e j

Obtido o risco da carteira e tendo seu valor, o VAR é calculado da seguinte forma:

$$\text{VAR } 95\% = 1{,}65 \times \sigma_p \times \text{valor da carteira}$$

ou

$$\text{VAR } 99\% = 2{,}33 \times \sigma_p \times \text{valor da carteira}$$

O valor de 1,65 significa que, em uma distribuição normal padrão, 95% dos valores estão acima de −1,65, desvio-padrão do retorno esperado. O valor de 2,33 significa que, em uma distribuição normal padrão, 99% dos valores estão acima de −2,33 desvios-padrão do retorno esperado.

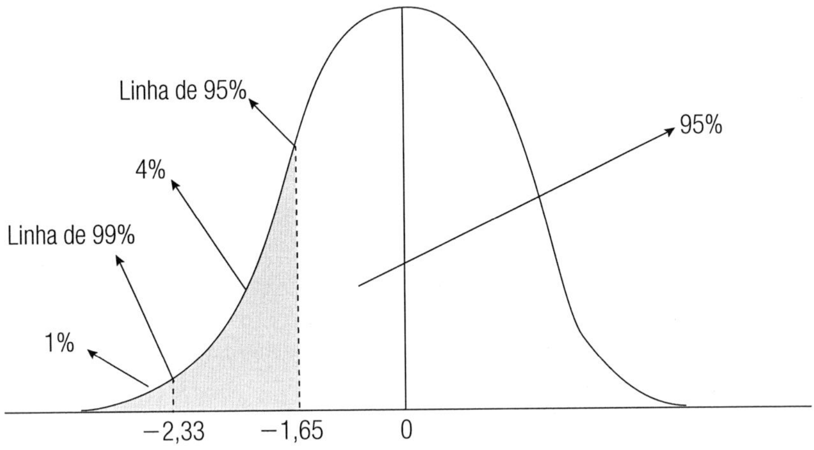

Figura 18.1 Distribuição normal.

O que significam os valores do VAR? O VAR 95% indica que há 5% de probabilidade de a empresa ou instituição financeira perder mais do que esse valor no próximo dia ou semana, dependendo do período para o qual foi calculado. O VAR 99% indica a mesma coisa, com uma probabilidade de 1%.

A principal vantagem do método da covariância para o cálculo do VAR é a de que representa uma solução analítica fechada. A principal desvantagem é a hipótese de distribuição normal de retornos dos ativos, nem sempre verificada na prática.

Exemplo 18.1

Suponha a seguinte carteira de investimentos de uma instituição financeira: A correlação entre os dois ativos é de 0,3. Vamos calcular o VAR 95% e o VAR 99% e discutir o significado dos valores obtidos.

ATIVO	POSIÇÃO (R$ milhões)	VOLATILIDADE (em % por dia útil)
A	6	1,9%
B	4	2,5%

Em primeiro lugar, é necessário estimar o risco da carteira:

$$\sigma_p = [(0{,}6)^2 (1{,}9)^2 + (0{,}4)^2 (2{,}5)^2 + 2(0{,}6)(0{,}4)\underbrace{(0{,}3)(1{,}9)(2{,}5)}_{\sigma_{kj}}]^{1/2} = 1{,}727\%$$

A partir daí, pode-se, com facilidade, estimar os valores de VAR:

$$\text{VAR } 95\% = 1{,}65 \times 1{,}727\% \times \text{R\$ } 10.000.000 = \text{R\$ } 284.955$$

$$\text{VAR } 99\% = 2{,}33 \times 1{,}727\% \times \text{R\$ } 10.000.000 = \text{R\$ } 402.391$$

Portanto, há 5% de probabilidade de a instituição financeira perder mais do que R$ 284.955 no próximo dia e 1% de probabilidade de perder mais do que R$ 402.391 no próximo dia.

18.3 Simulação histórica

O método da simulação histórica para cálculo do VAR apresenta uma vantagem em relação ao método da covariância, pois não assume que os retornos dos ativos sejam normalmente distribuídos. O método trabalha com o comportamento real do mercado em um determinado período de tempo passado.

Para calcular o VAR pelo método da simulação histórica, considera-se a carteira do dia em que se está apurando o VAR e aplicam-se os percentuais de variações dos preços dos ativos que a compõem em um período passado. Esse procedimento produz uma distribuição de lucros e perdas. O VAR 95% é o valor dessa distribuição que separa os 5% das piores perdas dos demais 95%. O VAR 99% é o valor dessa distribuição que separa 1% das piores perdas dos demais 99%.

Exemplo 18.2

Suponha a seguinte carteira de investimentos de um investidor:

ATIVO	POSIÇÃO (quantidades)	PREÇO UNITÁRIO ATUAL (R$)	VALOR TOTAL (R$)
A	2.000	5	R$ 10.000
B	1.000	8	R$ 8.000
			R$ 18.000

As variações diárias dos preços dos ativos A e B nos últimos 100 dias úteis foram:

DATA	VARIAÇÃO % ATIVO A	VARIAÇÃO % ATIVO B
−100	−2%	−1,5%
−99	−0,5%	+0,2%
−98	+0,8%	+0,4%
.	.	.
.	.	.
.	.	.
−1	+1,3%	+0,9%

Com isso, os valores dos ganhos e perdas nos últimos 100 dias úteis, considerando a carteira de hoje e os percentuais de variações, foram:

DATA	VARIAÇÃO EM R$ DO ATIVO A	VARIAÇÃO EM R$ DO ATIVO B	VARIAÇÃO EM R$ DA CARTEIRA
−100	−2% × R$ 10.000 = −R$ 200	−1,5% × R$ 8.000 = −R$ 120	−R$ 320
−99	−0,5% × R$ 10.000 = −R$ 50	+0,2% × R$ 8.000 = +R$ 16	−R$ 34
−98	+0,8% × R$ 10.000 = +R$ 80	+0,4% × R$ 8.000 = +R$ 32	+R$ 112
.	.	.	
.	.	.	
.	.	.	
−1	+1,3% × R$ 10.000 = +R$ 130	+0,9% × R$ 8.000 = +R$ 72	+ R$ 202

Colocando-se em ordem crescente os valores da variação em R$ da carteira da maior perda para o maior ganho, vamos supor que os valores obtidos sejam:

DATA	ORDEM	VARIAÇÃO EM R$ DA CARTEIRA
−53	1	−R$ 430
−42	2	−R$ 409
−76	3	−R$ 375
−100	4	−R$ 320
−22	5	−R$ 296
.	.	.
.	.	.
.	.	.
−35	100	+R$ 396

Com base nesses dados, os valores do VAR por simulação histórica são:

VAR 95% = R$ 296

VAR 99% = R$ 430

O método da simulação histórica tende a produzir um VAR maior que o método da covariância, devido às caudas largas (*fat tails*) de uma distribuição típica de variações de retornos de carteiras de ativos. Ou seja, é comum as séries de retornos de ativos financeiros conterem muitos *outliers,* isto é, mudanças de preços de magnitude de vários desvios-padrões, muito acima do que seria encontrado em uma distribuição normal.

18.4 Simulação de Monte Carlo

A simulação de Monte Carlo faz a mesma hipótese do método da covariância de que os retornos da carteira seguem uma distribuição normal. A partir do valor da carteira na data do cálculo do VAR e do valor do seu desvio-padrão, gera-se, por meio de programas de computador, a distribuição do valor da carteira.

O VAR 95% é a diferença entre o valor da distribuição que separa os 5% das piores perdas dos demais 95%. O VAR 99% é a diferença entre o valor da distribuição que separa 1% das piores perdas dos demais 99%.

18.5 Exercícios propostos

18.1 Calcule o VAR 95% pelo método da covariância para a carteira a seguir. Discuta o significado do valor obtido.

ATIVO	POSIÇÃO	VOLATILIDADE AO DIA
A	R$ 10.000.000	1,5%
B	R$ 30.000.000	1,0%

Correlação AB = −0,2

18.2 Com base nos dados do exercício anterior, calcule o VAR 99% da carteira.

18.3 Calcule os valores dos ganhos e perdas que comporão a distribuição de ganhos e perdas da carteira de investimentos abaixo para o cálculo do VAR por simulação histórica, nos três dias úteis colocados:

ATIVO	POSIÇÃO (quantidades)	PREÇO UNITÁRIO ATUAL (R$)	VALOR TOTAL (R$)
A	5.000	2	R$ 10.000
B	2.000	7	R$ 14.000
			R$ 24.000

DATA	VARIAÇÃO % ATIVO A	VARIAÇÃO % ATIVO B
−252	−0,3%	+1,2%
−251	+0,7%	+0,3%
−250	−2,0%	−1,5%

Respostas dos exercícios propostos

Capítulo 2

2.1 Pagamento da dívida = US$ 20.000 × R$ 2,35 = (R$ 47.000)
Termo de dólar = (R$ 2,35 – R$ 2,21) × US$ 20.000 = R$ 2.800
Líquido = (R$ 44.200)

2.2 $$R\$\ 3{,}60 \times \frac{(1{,}121^{180/360})}{1 + 0{,}03 \times \frac{180}{360}} - 0{,}02 = R\$\ 3{,}735$$

2.3 Preço a termo = R$ 23,00 × ($1{,}12^{60/360}$) = R$ 23,44
Compra a termo = 1.000 ações × R$ 23,44 = (R$ 23.440,00)
Venda à vista = 1.000 ações × R$ 20,00 = R$ 20.000,00
Prejuízo = (R$ 3.440,00)

Capítulo 4

4.1 O investidor obteve um ganho de R$ 11.650,00.

4.2 a) Pagamento da importação: US$ 300.000 × 3,88 = (R$ 1.164.000,00). Ganho mercado futuro: (3,88 − 3,803) × 6 × 50.000 = R$ 23.100.
Dispêndio total: (R$ 1.140.900,00).
b) Pagamento da importação: US$ 300.000 × 3,75 = (R$ 1.125.000,00).
Perda mercado futuro: (3,75 − 3,803) × 6 × 50.000 = (R$ 15.900,00).
Dispêndio total: (R$ 1.140.900,00).

4.3 O total recebido com o *hedge* foi de R$ 2.323.200,00. Caso não tivesse optado pelo *hedge*, teria recebido R$ 2.220.000,00.

4.4 *Hedge* em 06/3: compra 40,15 contratos (na prática 40) de dólar futuro J19 a 3,803.
Dispêndio total em 29/3: (R$ 7.749.593,33) + R$ 114.000,00 = (R$ 7.635.593,33).

Capítulo 5

5.1 A operação deu um lucro de R$ 83.670,00, a soma dos ajustes recebidos em D+1 de 11/03 = R$ 11.004,00 e em D+1 de 12/03 = R$ 72.666,00.

5.2 Dívida = (R$ 6.300.000,00) Ganho no mercado futuro = R$ 150.648,22, considerando 62 contratos. Desembolso líquido = (R$ 6.149.351,78)

5.3 Recebimento do ativo: R$ 6.050.000,00; Ganho no *hedge*: R$ 101.361,63, considerando 62 contratos. Resultado final: R$ 6.151.361,63.

5.4 Recebimento do ativo: R$ 2.460.000,00; Ganho no *hedge*: R$ 30.260,19, considerando 25 contratos. Resultado final: R$ 2.490.260,19.

5.5 Compra 54 contratos F21 e compra 46 contratos F22.

Capítulo 6

6.1 99.009,90 pontos.

6.2 Prejuízo de R$ 37.216,13.

6.3 R$ 1,9587.

6.4 *Hedge* em 28/12/00: C taxa (V PU) 211 contratos DDI futuro AGO 1 a 94.926,07 pontos.
Resultado final:
- Recebimento do ativo = US$ 10.534.514.
- Perda DDI futuro = (US$ 56.819).
- Recebimento líquido = US$ 10.477.695.

Correspondente aos US$ 10 milhões iniciais aplicados ao cupom efetivo do período de 8% ao ano.

Capítulo 7

7.1 $\begin{cases} \text{V taxa} \\ \text{C PU 300 contratos futuros de DDI JAN 4 a 99.483,67} \end{cases}$

$$\begin{cases} \text{C taxa} \\ \text{V PU } 300 \times \dfrac{99.483,67}{99.856,32} = 299 \text{ contratos futuros de DDI OUT 3 a 99.856,32} \end{cases}$$

7.2 Ganho de R$ 471,83 + R$ 23.601,33 = R$ 24.073,16.

7.3 $\begin{cases} \text{C taxa} \\ \text{V PU 1.005 contratos futuros de DDI JAN 4} \end{cases}$

$\begin{cases} \text{V taxa} \\ \text{C PU 1.001 contratos futuros de DDI OUT 3} \end{cases}$

7.4 O cupom cambial subiu muito, desvalorizando os títulos cambiais existentes na carteira. Esses fundos não tinham *hedge* nas operações de FRA.

Capítulo 8

8.1 Lucro de R$ 1.135,00.

8.2 O investidor deve vender aproximadamente 184 contratos IBOV FUT J19 a 98.405 pontos.

- Ganho no *hedge*: R$ 700.120,00.
- Taxa obtida no período aproximadamente: 0,71%.

Capítulo 9

9.1 Compra de 9 contratos futuros de boi gordo vencimento outubro

9.2 Venda de 19 contratos futuros de soja vencimento maio

9.3 Compra de 101 contratos futuros de DI de um dia

9.4 Perda na posição = (R$ 614.573,86)
Ganho no mercado futuro = R$ 514.204,77

Capítulo 10

10.1
- O investidor irá exercer a opção se o preço do ativo-objeto for maior que R$ 450,00.
- O investidor terá lucro se o preço do ativo-objeto for maior que R$ 480,00.

10.2
- O lançador será exercido se o preço do ativo-objeto for maior que R$ 20,00.
- O lançador terá lucro se o preço do ativo-objeto for menor que R$ 21,50.

10.3
- O vendedor da opção terá lucro se a cotação do ativo no dia do vencimento estiver maior que R$ 70,00.
- A opção será exercida se a cotação do ativo no dia do vencimento estiver menor que R$ 80,00.
- Se na data de vencimento o ativo estiver cotado a R$ 60,00, o vendedor da opção terá prejuízo de R$ 10,00.

10.4
- O titular da opção terá lucro se a cotação do ativo no dia do vencimento estiver menor que R$ 9,00.
- A opção será exercida se a cotação do ativo no dia do vencimento estiver menor que R$ 10,00.
- Se na data de vencimento o ativo estiver cotado a R$ 7,00, o titular da opção terá lucro de R$ 2,00.

10.5 • C ação a 42,27
• V opção de compra a 1,03

Ação	38	40	42	43,48	44	46
C ação	(4,27)	(2,27)	(0,27)	1,21	1,73	3,73
V opção de compra	0	0	0	0	(0,52)	(2,52)
Prêmio recebido na data zero	1,03	1,03	1,03	1,03	1,03	1,03
Resultado	(3,24)	(1,24)	0,76	2,24	2,24	2,24

Capítulo 11

11.1

Pagamento da importação	(3,50)	(3,65)	(3,80)
Recebimento na opção de compra	-	-	0,15
Prêmio pago na data zero	(0,04)	(0,04)	(0,04)
Total pago	(3,54)	(3,69)	(3,69)

11.2

Recebimento da exportação	3,50	3,60	3,70
Recebimento na opção de venda	0,10	-	-
Prêmio pago na data zero	(0,015)	(0,015)	(0,015)
Total recebido	3,585	3,585	3,685

11.3

Pagamento da dívida	(3,50)	(3,55)	(3,60)	(3,63)	(3,70)
Recebimento na opção de compra	-	-	-	-	0,07
Pagamento na opção de venda	(0,05)	-	-	-	-
Total pago	(3,55)	(3,55)	(3,60)	(3,63)	(3,63)

11.4

Recebimento da exportação	3,45	3,60	3,75	3,90	4,05
Recebimento na opção de venda	0,30	0,15	-	-	-
Pagamento na opção de compra	-	-	-	(0,045)	(0,09)
Total recebido	3,75	3,75	3,75	3,855	3,96

Capítulo 12

12.1 Prêmio da opção de compra = R$ 0,74.

12.2 Prêmio da opção de venda = R$ 3,25.

12.3 Venda de 97.500 opções de compra a R$ 2,77.

12.4 • Perda na ação = (R$ 124.000)
• Ganho opção = R$ 94.575
(R$ 29.425)

O erro no *hedge* foi devido à grande oscilação da ação

$$= \frac{40,12}{42,60} - 1 = -5,82\%.$$

12.5 Prêmio da opção de compra = R$ 0,0352/US$ 1.

12.6 Prêmio da opção de venda = R$ 0,479/US$ 1.

Capítulo 13

13.1 O valor da opção de compra europeia é igual a $ 9,26.

13.2 O valor da opção de compra americana é igual a $ 9,26. Esse valor é igual ao do Exercício 13.1 (opção de compra europeia).

13.3 O valor da opção de venda americana na data zero é igual a $ 1,84.

13.4 O valor da opção de venda europeia na data zero é igual a $ 1,57.

13.5 O valor da opção de venda europeia de barreira do tipo *down-and-out* na data zero é igual a $ 0,30.

13.6 O valor da opção de compra europeia de barreira do tipo *up-and-in* na data zero é igual a $ 0,805.

Capítulo 14

14.1 Trava de alta na data inicial:

$$\begin{cases} C \Rightarrow 10.000 \text{ opções de compra } E = 46 & (\text{R\$ } 33.400{,}00) \\ V \Rightarrow 10.000 \text{ opções de compra } E = 48 & \text{R\$ } 21.700{,}00 \end{cases}$$

(R$ 11.700,00)

- Se a ação estiver a R$ 46,00 ou abaixo, o investidor perderá R$ 11.700,00 (valor máximo de perda).
- Se a ação estiver a R$ 48,00 ou acima, o investidor ganhará R$ 8.300,00 (valor máximo de ganho).
- Se o valor da ação estiver maior que R$ 47,17, o investidor terá lucro na operação.

14.2 Trava de baixa na data inicial:

V ⇒ 10.000 opções de compra E = 46	R$ 33.400,00
C ⇒ 10.000 opções de compra E = 48	R$ (21.700,00)
	R$ 11.700,00

- Se ação estiver a R$ 46,00 ou abaixo, o investidor ganhará R$ 11.700,00
- Se ação estiver a R$ 48,00 ou mais, o investidor perderá R$ 8.300,00 (valor máximo de perda).
- Se o valor da ação estiver menor que R$ 47,17 o investidor terá lucro na operação.

14.3 Borboleta na data inicial:

C ⇒ 10.000 opções de compra E = 2,20	R$ (2.100,00)
V ⇒ 20.000 opções de compra E = 2,40	R$ 2.200,00
C ⇒ 10.000 opções de compra E = 2,60	R$ (500,00)
	R$ (400,00)

- Se ação estiver menor que R$ 2,20 e maior que R$ 2,60, o investidor perderá R$ 400,00 (valor máximo de perda).
- Se ação estiver a R$ 2,40, o investidor ganhará R$ 1.600,00 (valor máximo de ganho).
- Se o valor da ação estiver entre R$ 2,24 e R$ 2,56, o investidor terá lucro na operação.

14.4 Condor na data inicial:

C ⇒ 5.000 opções de compra E = 2,00	R$(1.850,00)
V ⇒ 5.000 opções de compra E = 2,20	R$ 1.050,00
V ⇒ 5.000 opções de compra E = 2,40	R$ 550,00
C ⇒ 5.000 opções de compra E = 2,60	R$ (250,00)
	R$ (500,00)

- Se ação estiver a R$ 2,00 ou abaixo e a R$ 2,60 ou acima, o investidor perderá R$ 500,00 (valor máximo de perda).
- ação estiver entre R$ 2,20 e R$ 2,40, o investidor ganhará R$ 500,00 (valor líquido máximo de ganho).
- Se o valor da ação estiver entre R$ 2,10 e R$ 2,50, o investidor terá lucro na operação.

Capítulo 15

15.1 Compra de *straddle*: compra a opção de compra de E = 42 a R$1,84 e compra a opção de venda de E = 42 a R$1,57.
Obterá lucro se a ação estiver abaixo de R$ 38,59 ou acima de R$ 45,41.

15.2 Venda de *strangle:* vende a opção de venda de E = 42 a R$1,57 e vende a opção de compra de E = 47,48 a R$0,11.
Será lucrativa se a ação estiver acima de R$ 40,32 e abaixo de R$ 49,16.

15.3 *Call Ratio Spread:* compra a opção de compra de E = 44,74 e vende 0,2833/0,081 = 3,5 vezes a opção de compra de E = 47,48.

O lucro máximo da operação acontece se a ação estiver cotada a R$ 47,48 na data de vencimento das opções.

15.4 R$ 0,0258 – R$ 0,0199 = R$ 0,0059 por opção.

Capítulo 16

16.1 Operação de financiamento na data inicial:

C	4.000 Ações a R$ 50,80	(R$ 203.200)
V	4.000 Opções de Compra E = 51 a R$ 2,37	R$ 9.480
		(R$ 193.720)

• Taxa de operação = 5,31%

16.2 • taxa com a opção de compra E = 44 = 3,90%

• taxa com a opção de compra E = 46 = 5,53%

• taxa com a opção de compra E = 48 = 7,50%

16.3

C	6.000 Ações a R$ 46,70	(R$ 280.200)
V	6.000 Opções de Compra E = 44 a R$ 4,35	R$ 26.100
		(R$ 254.100)

Capítulo 17

17.1 Recebimento do ativo: 5.190.000,00
Valor do *swap* para o investidor: (14.462,30)
Valor recebido pelo investidor: 5.175.537,70

17.2 Pagamento da dívida: (3.357.200,00)
Valor do *swap* para a empresa: 206.859,90
Valor pago pela empresa: (3.150.340,10)

17.3 Recebimento do ativo: 1.038.249,03
Valor do *swap* para o investidor: 2.750,97
Valor recebido pelo investidor: 1.041.000,00

17.4 Recebimento do ativo: 19.281.600,00
Valor do *swap* para a empresa: (345.600,00)
Valor recebido pela empresa: 18.936.000,00

17.5 –0,35749% a.a.

17.6 6,5329% a.a.

Capítulo 18

18.1 VAR 95% = R$ 507.210. Portanto, existe 5% de probabilidade de a carteira sofrer uma perda superior a R$ 507.210.

18.2 VAR 99% = R$ 716.242.

18.3

Data	Variação em R$ da carteira
−252	+ R$ 138
−251	+ R$ 112
−250	− R$ 410

Bibliografia

ARDITTI, F. D. *Derivatives*. Boston: Harvard Business School Press, 1996.

BLACK, F. The pricing of commodity contracts. *Journal of Financial Economics*, Rochester, n. 3, p. 167-179, 1976.

BLACK, F.; SCHOLES, M. The pricing of options and corporate liabilities. *Journal of Political Economy*, Chicago, v. 81, n. 3, p. 637-59, 1973.

COX, J.; INGERSOLL, J.; ROSS, S. The relation between forward and futures prices. *Journal of Financial Economics*, Rochester, n. 9, p. 321-346, 1981.

COX, J.; ROSS, S.; RUBISTEIN, M. Option pricing: a simplified approach. *Journal of Financial Economics*, Rochester, n. 7, p. 229-263, 1979.

EDWIN J. E.; GRUBER, M. J. *Modern portfolio theory and investment analysis*.

5. ed. New Jersey: John Wiley & Sons, Inc., 1995.

FIGUEIREDO, A. C.; CICOGNA, M. P. V. Combinação das operações de FRA e mercado futuro de taxa de juro para *hedge* do risco cambial. *Resenha BM&F*, São Paulo, n. 176, p. 71-77, 2008.

FIGUEIREDO, A. C.; FONTENELLE, P. S. *Hedge* sintético do risco cambial, combinando os mercados futuros de cupom cambial e de taxa de juros. *Resenha BM&F*, São Paulo, n.142, 2000.

GARMAN, M. B.; KOHLHAGEN, S. W. Foreign currency option values. *Journal of International Money and Finance*, n. 2, p. 231-237, 1983.

HAUG, E. G. Opportunities and perils of using options sensitivities. *Journal of Financial Engineering*, Rochester, v. 2, n. 3, p. 252-269, 1993.

___________. *The complete guide to option pricing formulas*. 2. ed. Nova York: McGraw Hill, 2007.

HULL, J. C. *Options, futures & other derivatives*. 8. ed. Nova York: Prentice Hall, 2012.

KLOTZLE, M. C.; PINTO, A. C. F.; KLOTZLE, A. C. *Finanças internacionais*. São Paulo: Saraiva, 2007.

MARSHALL, J. F.; KRAPNER, K. R. *Understanding swap*. Nova York: Wiley, 1993.

MERTON, R. C. Theory of rational option pricing. *The Bell Journal of Economics and Management Science*, Nova York, n. 4, p. 141-183, 1983.

PINTO, S.; AMARAL F. Mercado futuro de DI: uma estratégia de *hedge* pleno. *Resenha BM&F*, São Paulo, n. 79, 1992.

RITCHKEN, P. On pricing barrier options. *Journal of Derivatives*, n. 3, p. 19-28, 1995.